코로나
시대의
공부법

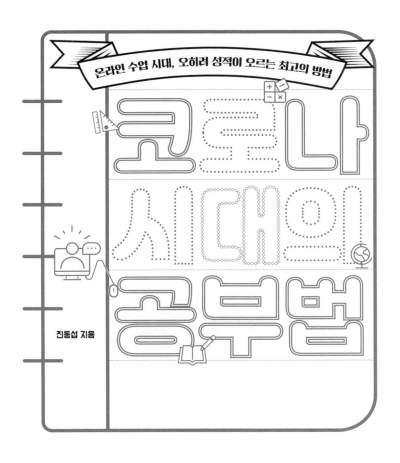

온라인 수업 시대, 오히려 성적이 오르는 최고의 방법

코로나 시대의 공부법

진동섭 지음

쌤앤파커스

차례

2장

관리도 감독도 없는 집 안의 교실, 어떻게 스스로 공부할까?

3장

지금까지의 공부, 제대로 하고 있었을까?

4장

**블렌디드 러닝,
온오프라인
혼합 시대의
공부법**

5장

아이의
미래 역량,
어떻게 키울
것인가?

코로나가 뒤바꿔 놓은
아이들의 성적과 운명

코로나19는 2020년 세계를 새로운 모습으로 바꾸어 놓았다. 인류 역사는 BC(Before Corona)와 AC(After Corona)로 나뉜다는 말까지 나올 정도다. 특히 영향을 많이 받은 것은 교육계로, 새 학기의 설렘으로 가득 차야 할 3월에도 학교에 가지 못했을뿐더러 지금까지도 격일, 격주로 간간이 등교하는 상황이 이어지고 있다. 등교라는 정해진 루틴과 스케줄이 무너진 지금, 아이의 생활 습관과 공부 습관에 모두 빨간 불이 켜졌다. 매일의 학습 공간이 집으로 옮겨온 뒤부터 부모들은 아이가 온라인으로 공부하는 모습을 보며 저렇게 해도 학습력에 문제가 없을지 의심하게 되었다.

그러나 아이는 아이대로 어려운 점이 있다. 혼자 공부하기가 어렵기만 한데, 옆에는 도와줄 친구도 선생님도 없다. 아직은 온라인 학습이 서툴고 힘에 부쳐 스트레스를 받지만, 집에 묶여 있어 해소하지도 못하는 형편이다. 부모와 아이 모두 비대면 온라인 학습으로 변한 세계를 맞이할 준비가 되어 있지 않았는데, 너무 큰 변화가 한 번에 밀려와 당혹스럽기만 한 실정이다.

학습기관에 가지 못하는 상황은 아이 학령을 떠나 동일하게 적용된다. 유치원 졸업반 아이를 둔 엄마는 어린아이가 집에서 온라인으로 공부하니 시력 감퇴, 체력 약화, 비만이 걱정이라고 말한다. 어린이는 나가서 뛰어노는 게 학습이고 운동인데 아이가 집에서 꼼짝 않고 있으니 체력 저하도 걱정되고, 시도 때도 없이 간식을 먹어 살이 찌는 것도 문제고, 전자기기만 들여다보니 눈 건강도 나빠질까 걱정이라는 것이다. 이뿐만 아니라 학력 격차에 대한 걱정도 무시할 수 없다고 호소한다.

"엄마 입장에서는 사립 유치원은 등원하는 데도 많은데 공립 유치원은 등원하지 않으니 초등학교 들어가면 차이가 날까 봐 걱정돼요. 사립 유치원이나 초등학교는 온라인 수업도 실시간 양방향 수업으로 하는데, 공립은 녹화방송이거나 기존에 제작된 영상의 링크를 보내는 수준이라 아이의 집중력이 떨어져요. 온라인 학습지로 공부할라치면 학습지 양이 많아서 이것저것 뒤적이기만 하다가 시간 다 보내고요. 숙제도 있기는 한데 문제 풀고 해답지를 보고 답을 맞춰 보면서 다음 단계로 넘어가야 하는데, 해설을 봐도 이해가 안 되거나 막히면 당장 해결할 수 없어 난감해요."

관리도, 감독도 없는 상황에 갑자기 내던져진 아이들

학습에 대한 우려는 유·초등뿐 아니라 중고생에게는 눈앞에 닥친 문제다. 코로나로 한 학기를 보낸 결과, 학생들의 학업 역량이 M자 형태로 변했다는 것이다. 학력 양극화로 인해 중간이 없어졌다고 아우성이다. 고등학교는 성적이 상대평가로 매겨지는 공통 과목이나 일반 선택 과목의 경우 비율대로 등급이 산정된다. 따라서 한 명의 성적이 떨어지면 다른 한 명은 저절로 성적이 좋아지므로 전체적으로 성적이 떨어졌다는 말은 어불성설로 보인다. 그러나 원점수만 놓고 보았을 때 성적이 나빠진 학생들이 많아 등급은 그대로인데 실력은 예전만 못하다는 뜻이다. 상위권은 건재하지만, 중간층이 실종된 상태로, 코로나로 인한 온라인 재택 수업이 처음이라 우왕좌왕하다가 모두가 과부하 된 상황이라고 볼 수 있다.

이렇듯 초중고 모두 인터넷 강의로 겨우 학습을 이어나가고 있다. 2020년 봄, 한국교육방송공사^{EBS}와 한국교육학술정보원^{KERIS}은 교육부, 교육청 및 민간 기업과 협력하여 온라인 클래스와 e학습터를 만들어 냈다. 교사들도 온라인 학습 지도와 팬데믹에 대처하는 질서 지도 등에서 기적을 이루어 냈다. 그런데도 교육 기회와 결과에 격차 가 없도록 하겠다는 국가적 노력이 학생 개개인에게 미칠 때는 미흡 하기 그지없어 보인다. 해결할 수 없는 많은 부분이 앞길을 가로막고 있기 때문이다. 그래서 학생과 학부모들의 한숨은 깊어져만 간다.

이런 상황에서 학부모들은 우리 아이가 온라인 학습으로도 실력 을 기를 수 있는지, 코로나19가 끝났을 때 다음 걸음을 제대로 내디 딜 수 있는지에 관심을 기울이고 있다. 그러다 보니 부모는 아이에게 끊임없이 영향력을 행사한다. 그런데 그 영향력은 부모의 태도에 따 라 큰 차이가 있다. 이를 유형화하면, 때가 되면 저절로 공부하리라 믿고 바라보기만 하는 '방임형', 일일이 간섭하고 지도하는 24시간 '닦달형', 적절한 채찍과 당근으로 아이를 지도하는 '코칭형'으로 이 름 붙일 수 있다. 다들 자신의 방법에 신념을 가지기 마련이다. 그러 나 24시간 집에서 아이와 엄마가 같이 생활하고 아이는 컴퓨터를 통 해 지겨운 학교 공부를 어떻게든 해내는 상황에서 과연 어떤 태도가 아이를 성장시키는 데 도움이 될지 생각해 볼 필요가 있다.

집콕 공부, 결국 부모 역할이 90%

결론부터 말하면 엄마가 좀 게을러지고, 적절하게 간섭해야 아이의 역량이 자란다. 아이는 스스로 할 수 있는 일을 해 보고 하고 싶은 일에 도전하면서 성장한다. 그런데 매 순간 엄마가 먼저 손을 내밀면 아이는 성공 경험과 성취감을 가질 수 없다. 그러나 이 말이 아이를 방임하라는 뜻은 아니다. 아이를 방임하면 아이는 방향을 잡지 못하고 방황한다. 아직은 계획도 제대로 세우지 못하고 무엇을 공부해야 할지도 모르는 상태라면 적절하게 방향을 잡아 주고 시간 관리도 해 주어야 한다. 믿고 그냥 두면 숙제마저 하지 않는 경우가 태반이다. 이럴 때는 단호하게 대처해야 한다.

그러나 일일이 아이 곁에서 공부하고 또 공부하라고 닦달하면 아이는 엄마의 간섭에 지친다. 스스로 생각할 시간도 갖기 어렵다. 아이가 할 공부를 미리 해서 직접 가르치는 부모 역시 학교에서 들은 설명을 반복하는 수준의 공부를 시키는 경우가 대부분이라 아이는 자신의 손으로 아무것도 하지 않은 상태로 남는다. 그래서 기억에 남는 것도 없고 실력도 늘지 않는다.

"아이가 집에서 온라인으로 공부하고 있을 때 부모가 어떻게 아이를 도와주면 좋을까? 아이에게 어떻게 학습하라고 코칭할까?" 같은 문제와 이에 대한 해결책은 사실 자기 주도 학습법에 대한 홍보

자료, 학습 전략에 대한 각종 논문과 단행본들에 많이 실려 있다. 그러나 이런 도움말들은 온라인 학습 상황에는 맞지 않는 경우가 있다. 학교에 가지 못하는 팬데믹 상황을 전제한 것이 아니기 때문이다.

그래서 이 책에서는 온라인 상황 또는 온오프라인이 공존하는 블렌디드 상황에서 학생이 어떻게 학습하는 자세를 갖추면 좋은 학습자가 될 수 있는지, 학부모는 어떤 것을 지원해야 하는지를 자세히 살펴보려고 한다. 등교할 때나 등교하지 않을 때나 공부해야 하는 것은 달라지지 않지만, 온라인 학습이라는 특성은 어떤 학생에게는 공부에서 멀어지게 하는 나쁜 기회가 될 수도 있다.

친구 관계, 사회성, 멘탈관리도 걱정

재택 수업은 학습에만 영향을 주는 것이 아니다. 아이들이 성장하면서 가져야 할 태도의 많은 부분은 친구와의 관계 속에서 배운다. 그러나 지금 상황은 아이들이 친구들과 어울리면서 성장하는 것을 어렵게 하고 있다. 코로나19 이전에도 집에서 공부하는 '홈스쿨링'을 택한 학생들이 있었다. 홈스쿨링을 하게 되면 아이는 집에서 늘 방학처럼 지내게 된다. MBC 에듀 버라이어티 예능 〈공부가 머니?〉 작가로부터 학교에 다니지 않고 집에서 검정고시를 준비하면 어떤 점이 문제냐는 질문을 받았다. 공부하는 데 어떤 문제가 있는가를 물어온 것이었겠지만, 대뜸 '친구가 없어요.'라는 답이 먼저 떠올랐다. 친구가 없으면 왜 문제일까?

'OECD 학습 나침반'은 2030년대에 학습할 학습자가 갖추어야 할 역량을 제시한 그림으로, 미래 교육의 지향점을 설명하고 있다. 여기서는 목표를 설정하고 설정된 목표를 달성하기 위해 행동하는 '행위 주체성agency'과 학습자로서 스스로 선택하여 학습하고 심층학습을 통하여 문제해결력을 기르는 '학생 행위 주체성student agency' 그리고 '협력적 행위 주체성co-agency'을 강조하고 있다. 이 중 '협력적 행위 주체성'은 행위 주체성이 사회와의 상호작용 속에서 이루어져 사회 구성원 모두가 사회를 변화시킬 힘을 길러야 함을 의미한다. 그런데 학교에 가지 않고 홈스쿨링으로 공부하게 되면 학교라는 사회에서 다른 사람과 교류하는 경험이 줄어들기 때문에 협력적 행위 주체성 역량을 기를 기회를 가지기 어렵게 된다.

새롭게 도래할 시대를 살아가는 데 있어 '협력'은 중요한 역량으로 작동한다. 앞으로 우리에게 닥칠 문제들을 개인의 힘이 아닌 협력을 통해 해결하게 될 것이다. 어쩌면 혼자서도 할 수 있는 일은 인공지능(AI)이 전부 처리하게 될 수도 있다. 4차 산업혁명 시대의 인간은 동료들과 협업하면서 집단 지성의 힘을 발휘해야 앞으로 나아갈 수 있다. 이러한 시대 변화에 부응하도록 '2015 개정 교육 과정'에서는 교과 학습을 할 때 학습 활동을 중심으로 공부하도록 교과서가 설계되어 있다. 교과서를 바탕으로 하는 학습은 혼자 탐구하는 활동에서 시작하여 같이 하는 활동으로 마무리하도록 구성되어 있다. 이는 초등학교 저학년부터 고등학교 마지막 학년까지 일관되게 유지된다. 그리고 대학입시에서도 이에 기초해 학생을 선발한다. 수시의 주축을 이루는 '학생부종합전형'에서는 인성과 발전 가능성 영역에서 협력하는 태도와 리더십을 학업 역량보다 중시한다.

다시 원래대로 돌아갈 수 없다면, 무엇을 어떻게 할까?

그런데 지금 우리 아이들은 학교에 가서 친구들과 함께 공부하고 생활하는 일상을 누릴 수 없게 되었다. 아이들이 교실 칠판 앞이 아니라, 모니터 앞에 앉아 있다 보니 친구를 만날 기회가 사라졌다. 이전에는 새 학기가 되면 새로운 반 친구들이 모여 서먹서먹한 관계를 풀어가기 시작했다. 언제 어색했냐는 듯 1, 2주 지나면 오래 사귄 친구 사이처럼 막역해지지만, 전 학년 친구들과는 다소 멀어지면서 만나고 헤어지는 인간관계의 원리를 학교에서 배웠다. 우리나라 학생들이 낯선 사람과 만나는 데 익숙하고 새로운 상황에 잘 적응하는 것은 학년이 바뀔 때마다 새로운 친구들과 만나는 경험으로 길러진 인성 자질이다. 그러나 올해는 당연했던 새 학기 풍경이 마치 꿈이었던 것처럼 어색해졌다.

매일 등교는 언감생심, 드물게 학교에 가도 마스크를 쓰고 움직여야 하는 상황이라 서로의 얼굴이 낯설다. 전 학년에 같은 반이었던 친구가 있다면 그나마 다행이지만, 초등학교 1학년이나 중학교 1학년 같은 신입생들은 모르는 사람이 대부분이다. 게다가 다들 마스크를 쓰고 있으므로 새 친구를 만들기가 쉽지 않다. 이는 선생님과 학생의 관계에도 영향을 미친다. 선생님도 학생의 얼굴을 모르니 친밀한 관계 형성이 어렵다. 친한 후배 선생님에게 '올해 신입생은 어때?'라고 묻자 마스크 때문에 아이들 얼굴 구분이 안 돼 이름을 부르기가 쉽지 않다는 답이 돌아왔다. 이름을 안 부르니 당연히 전보다 거리감이 느껴진다고도 한다. 거리 두기 상황은 친구뿐만 아니라 사제 간의 관계에도 영향을 미치는 것이다. 여기서 우리가 고민해야 하는 것은 우리 아이가 어떻게 이 상황을 슬기롭게 이겨내면서 동료들과 협력하는 태도를 기를 것인지, 학업에 충실해서 좋은 성적을 유지할 것인지에 있다.

이 책은 온라인 학습 시대를 맞이하여 인성과 학업 역량을 유지하고 발전시키는 방법에 대해서 같이 생각해 보려는 목적으로 썼다. 쓰고 나서 보니 학습에 관한 이야기는 시시콜콜 많이 늘어놓았는데, 아이 정서와 친구 관계에 대한 내용은 다소 짧게 쓰고 만 결과가 되었다. 책 내용의 분량으로 보면 공부와 인성 중에서 공부를 더 중시한 것처럼 보이지만, 인성이 바탕이 되어야 실력이 빛난다는 점은 불변의 진리다.

온라인 학습, 재택 수업 시대를 맞아 자기 관리가 어렵고 온라인 수업에 지쳐만 가는 부모와 학생의 심신을 다시 일으켜 세워서 다가올 미래를 준비하는 방법을 우리 모두 함께 고민하다 보면 내일은 밝은 태양이 떠오르지 않을까?

2020년 겨울

진동섭

1장

온라인 학습,
아이도 엄마도
처음이다

온라인 학습으로 오히려
성적이 좋아졌다고?

"원격수업 속 '교육 양극화' 중위권 성적 추락", "학부모 77% '원격 수업으로 학습 공백' 걱정"…. 뉴스 및 신문에서 연일 쏟아지고 있는 기사의 헤드라인이다. 코로나19의 장기화로 인해 다들 어려운 상황이지만, 이 상황이 아이들에게 미치는 영향은 어른들과는 조금 다르다. 일상이라고 생각했던 학교생활을 전혀 하지 못했고, 그로 인한 학습 공백은 마땅한 대안 없이 고스란히 아이들과 부모들이 감당할 몫이 되었다. 왜 온라인 학습은 오프라인 학습보다 학습 결과가 좋지 않을까? 어떤 아이들이 온라인 수업에서도 좋은 성과를 거둘까?

온라인 수업과 오프라인 수업의 차이를 말하기 전에, 학교에 가는 것과 안 가는 것의 차이를 먼저 생각해 보자. 코로나19 이전까지는 학교에 가지 않는다는 것이 '방학'을 의미했다. 방학이 되면 일단 아이들은 한없이 게을러지고 오늘 일을 내일로 미루고 내일이 되면 또 그다음 날로 미룬다. 엄마는 삼시 세끼를 전부 챙기는 것부터 아이에게 잔소리하는 일까지 도맡아야 해서 하루하루가 전쟁이다. 워킹맘이라면 더 버거운 날들이다. 아이 공부를 아예 포기하기도 쉽지 않고, 학원에 맡기지 않는다면 마땅한 대안도 없다. 온라인 수업은 바로 이 '방학 생활'의 연속이라는 말과 동일하다.

학교에 가지 않는 '홈스쿨링' 또한 끝나지 않는 방학이 이어진다. 학교에 가지 않는 아이가 스스로 공부를 잘 해내면 별문제가 없지만 그런 아이는 극소수에 불과하다. 몇 해 전 학교에 다니다 내신 성적이 잘 나오지 않자 학교를 자퇴하기로 마음먹은 민준 학생은 말리는 엄마의 말을 듣지 않고 덜컥 학교를 그만두고 공부를 시작했다. 그런데 막상 학교에 가지 않으니 자기 관리가 어렵고, 공부도 잘 안 된다며 학교로 다시 돌아갈 방법을 물어왔다. 현행 구조상, 학교로 돌아가고 싶다면 언제든지 돌아갈 수 있게 되어 있다. 민준이는 학교에 가지 않게 되었을 때 자기 관리가 잘 안 된다는 사실을 빨리 깨달은 똑똑한 학생에 속한다. 온라인 수업은 어떤 측면에서는 이 홈스쿨링 상황과 유사하다. 아이들이 겪는 문제도 크게 다르지 않다.

이처럼 학교에 가는 것은 학업적인 부분뿐만 아니라 일상생활의 측면에서도 아이에게 상당한 영향을 미친다. 규칙적인 생활에 등교가 큰 축을 담당하고 있는 것이다. 어떻게 하면 집에서 공부하더라도 자기 관리를 잘하는 아이가 될 수 있을까?

온라인 수업과 오프라인 수업은 많이 다르다

온라인 수업은 자기 관리의 차원에서 등교 수업과 차이가 난다. 학교에 가면 선생님이 매시간 학생을 지도한다. 개념을 설명하고 학생이 직접 활동을 통해서 학습 경험을 하도록 이끈다. 지도하는 과정에서 학생이 얼마나 깊이 있게 과제를 해결하는지를 보고 피드백을 주고 평가한다. 이런 일련의 과정이 수업의 지루함을 상쇄시킨다. 지루할 때쯤이면 선생님이 농담을 던지기도 하고, 재치 있는 학생이 전체를 웃겨 긴장을 해소하는 일도 생긴다.

물론 종일 책상에 엎드려 자는 학생도 일부 존재한다. 그러나 학생 대부분은 정도의 차이가 있을 뿐 수업에 참여한다. 몇 년 전만 해도 수업 중 자는 학생이 너무 많아서 교실의 붕괴를 걱정했었는데, 학생들이 직접 토론하고 발표하고 실험하고 보고서를 쓰는 등 활동하는 학습을 늘리니 자는 학생이 크게 줄었다. 교육 당국은 자는 학생이 '줄었다'에 방점을 찍고 있다. 과거에는 전부 잤는데 지금은 줄어들었다는 사실에 집중하는 것이다.

학생들은 단순 암기를 하게 만드는 주입식 수업, 수능을 보고 난 다음에 다 날아가는 '휘발성 지식'을 외우는 데 시간을 허비하지 않고 자기 생각을 만들어 표현하는 데 시간을 쏟으며 지식을 쌓는 것에 만족감을 보인다. 광주광역시의 살레시오고등학교는 중간고사도 모두 서술형으로 치른다. 한 재학생은 이런 시험 경험이 진짜 지식을 만드는 것이라고 말하며 이 학교에 오길 잘했다고 자랑스러워했다. 이 말을 할 때 학생의 표정은 그야말로 자신감으로 가득 차 있었다.

학교 현장의 활동 중심 수업이 이런 장점이 있는 반면에 '온라인 수업'은 등교 수업과도 다르고 일반적인 사교육 인터넷 강의 듣기와도 근본적으로 다르다. 중·고등학생의 경우 하루 6시간 이상 집에서 계속해서 온라인 수업을 듣고 숙제도 해내야 한다. 다시 말하면, 아침에 일어나 오전 내내 컴퓨터 앞에 앉아서 수업을 듣고 점심을 먹고 다시 컴퓨터 앞에 앉아 마저 수업을 들어야 하는 상황이라는 것이다.

수업 현장의 변수가 없는 온라인 수업은 진도도 생각보다 많이 나가서 그날그날 과제를 해결하지 않으면 다음날에는 할 수 없을 만큼 밀린다. '2015 개정 교육 과정'은 특히 학습 활동 중심으로 구성된 교과서로 수업이 진행되므로 학생이 스스로 해야 할 과제가 과거와 비교하면 좀 더 많다. 그러다 보니 아이의 일과는 컴퓨터 앞에 앉아 오전 내내 듣기 싫은 수업 화면을 보다가 끝이 보이지 않는 숙제로 가득 차 버렸다. 주위에 친구도 선생님도 없이 혼자서 감당해야 한다.

옆에서 누가 환기를 시켜주지 않으면 아이들은 종일 창문도 열지 않고 앉아만 있다. 산소는 점점 부족해지고 머리는 점점 굳어간다. 눈도 저절로 감긴다. 그 사이에 유튜브에 눈이 가고 단톡방을 비롯한 SNS에 친구들이 올린 글에 정신을 팔게 된다. 관리 감독이 되지 않으면 수업 창을 작게 띄워놓은 채 게임도 한다.

그러다 보니 자기 관리가 잘 되는 학생은 온라인 수업을 하면서 오히려 성적이 좋아졌지만, 자기 관리가 되지 않는 학생은 성적이 계속 하향 곡선을 그리게 되었다. 이런 현상이 특정한 학교에서만 일어나는 일이 아니어서 언론에서도 교실 양극화, 성적 양극화를 걱정하는 기사가 실리고, 교육부도 이 문제를 해결하러 나섰다.

그러나 실질적으로 가정에서 부모가 이 문제를 해결하기는 쉽지 않다. 아이를 책상에 앉힐 수는 있어도 공부를 하게 만들 수는 없기 때문이다. 사실 학습 문제를 해결하는 방법은 이미 어디선가 들어 알고 있는 것들이 대부분이다. 다만 아이를 지도하는 데 적용하지 못하고 있었을 뿐이다. 어떻게 하면 적용할 수 있을까?

온라인 수업에 집중하는
방법은 따로 있다

───────• 한 학기 온라인 수업이 진행된 뒤, 온라인 수업 형태의 선호도에 대한 설문 조사를 진행한 학교가 있다. 그 학교에서 낸 결과를 보면 학부모는 선생님이 직접 실시간으로 수업해 주기를 바란다는 문항에 가장 많이 투표했지만, 학생들은 선생님이 직접 자료를 만들어 수업 시간에 틀어주는 학습 방식에 가장 많은 표를 던졌다고 한다. EBS 자료나 유튜브 영상 등 기존 학습자료를 수업 중 틀어주는 것에는 두 집단 모두 부정적이었다고 한다. 학교도 이런 점을 고려해서 실시간 양방향 수업과 선생님이 직접 녹화한 수업 영상 자료를 사용하는 수업을 중심으로 운영하겠다고 밝혔다.

학부모가 원하는 실시간 수업 방식은 학생의 생활지도가 가능하고, 집중하지 않는 것 같으면 바로 선생님이 지도할 수 있다는 점에서 선호도가 높았을 것이다. 반면 학생은 선생님의 지도는 받기 싫지만, 눈높이에 맞는 설명을 들을 수 있는 녹화 수업을 선호한 것이다. 교사 입장에서 보면 실시간 수업을 하는 경우 하루 4시간 수업을 한다고 했을 때, 매시간 마다 웹캠 앞에서 방송해야 한다. 웹캠을 통한 방송은 교실 수업보다 에너지가 조금 더 든다. 온라인으로 접속한 학생들을 관찰하는 한편 가르쳐야 할 부분을 쉴 새 없이 이야기해야 하며, 모둠 학습이라도 하려면 방을 나누고 모둠 활동을 지도하고 결과를 정리하는 일까지 해야 한다. 생각보다 피곤한 방식이다.

반면에 녹화 수업의 경우, 같은 수업을 4개 반에서 진행한다고 했을 때, 1번의 녹화로 전부 감당할 수 있다. 각 반의 수업 시간에 영상을 틀어놓고 실시간으로 학생이 학습하는 것을 지켜보면 되므로 녹화에 에너지가 많이 든다고 해도 실행에는 여유가 있다. 채팅창을 열어두고 질문을 받는다면 학습 효과도 나쁘지 않다. 이 두 방식은 선생님이 계획해서 학생들의 상황에 맞게 학습을 운영한다는 장점이 있다. 그러나 EBS 자료 등 통상의 학습자료를 틀어주면 학생들의 요구와 그 학급의 개별 상황을 반영하지 못한다는 것이 문제점이다.

아이가 집에서 온라인 학습을 하는 모습을 학부모가 지켜보고, 불만을 제기한다는 이야기도 많이 들린다. 형제가 다른 학교에 다니는 경우, 작은아이가 다니는 학교는 선생님이 영상에 나와 직접 만든 자료로 수업을 하면서 현장 수업 같은 효과를 내는 것과 달리 큰아이가 다니는 학교에서는 온종일 EBS 방송만 틀어준다고 불만을 토로하는 일이 있다고 한다. 이런 경우 학교에 수업을 개선해 달라고 요구할 수는 있지만, 기다리는 사이에도 시간은 흘러 다시 돌아오지 않는다. 학생은 결국 어떤 상황이라도 주어진 환경에서 최선을 다해 공부해야 한다.

즉 온라인 실시간 수업이든, 선생님이 직접 녹화한 수업이든, 다른 곳에서 만들어진 수업자료를 바탕으로 한 수업이든 어떤 경우라도 아이는 자기가 들어야 할 수업의 전모를 파악하고 알아야 할 것을 잘 아는 수준의 공부는 해야 한다는 것이다. 선생님은 학생이 어떤 형태의 수업이든 온라인에서 댓글을 달고 질문에 답하는 모습에서 적극적으로 학습하는지, 건성으로 앉아만 있는지, 그 정도도 안 하고 있는지 한눈에 알 수 있다.

배우는 과목의 전체 구조를 파악하라

문제를 풀어 높은 점수를 받는 것이 공부의 전부였던 시대에는 배우는 과목의 구조가 크게 중요하지 않았다. 수능 시험이나 그 이전의 학력고사를 준비하기 위해서는 숲보다는 나무가 더 중요했기 때문이다. 특히 학력고사는 교과서 내 범위에서 출제되었으므로 정해진 범위 안에서 문제를 풀면 되었기에 굳이 숲을 알아야 할 필요가 없었다. 수능도 역시 범위가 있는 과목별 시험이므로 숲보다는 나무를 알아가는 것이 빠른 길이라고 생각했다.

그런데 자기 주도 학습을 중시하는 공부에서는 배우는 과목의 개념과 원리, 학습 목표 같은 전체적인 구조를 알고 있어야 무엇을 공부해야 할지 판단할 수 있다. 숲을 보는 일이 중요해졌다는 뜻이다. 특히 학생부종합전형에서는 학생이 자기 주도적으로 공부한 과정과 성과를 평가하는데, 그 과정과 성과는 세부능력 및 특기사항에 기록되어 있다. 그 기록은 학생이 배우는 과목의 전체 구조 속에서 본인이 무엇을 왜 하고 있는지를 자각하고 있어야 의미가 있다.

배우는 과목의 구조를 빠르게 파악하려면 '차례'를 살펴보면 된다. 차례에는 대단원, 중단원, 소단원의 제목이 들어 있다. 전체 제목을 훑어본 뒤 각 대단원의 중단원을 보고, 중단원 안에서 소단원을 보면 전체 구조를 쉽게 알 수 있다. 전체 구조는 자주 확인해야 한다. 한국사를 공부한다고 할 때, 차례를 기억하고 있으면 지금 어느 시대 어떤 역사에 대하여 공부하고 있는지 체계가 잡힌다.

공부를 마친 다음에는 책을 보지 않고 '차례'를 만들어 보는 것이 큰 도움이 된다. 차례를 만든 뒤에는 해당 부분에서 배운 개념과 원리 및 주요 사항을 적어 본다. 적다 보면 배운 내용을 얼마나 이해하고 있는지 자연스럽게 알게 된다. 적은 내용을 벽에 붙여놓고 수시로 보면 더 오래 기억에 남는다. 이 과정에서 이미 시험 대비를 하고 있는 셈이다.

차례

공부할 내용을 확인해요.

4학년 1학기 과학 교과서 차례

30

단원	주요 내용	
1. 과학자처럼	관찰, 측정, 예상, 분류, 추리, 의사소통	
2. 지층과 화석	지층 생성	• 공통점: 줄무늬, 여러 개의 층 • 차이점: 두께와 색깔, 모양 • 물이 운반한 자갈 모래 진흙 등이 쌓여 단단해짐
	암석 관찰	• 암석은 지층이 아님
	퇴적암	• 분류: 색깔, 알갱이, 표면 느낌을 기준으로 분류 (이암, 사암, 역암) • 퇴적암이 만들어지는 과정
	화석 분류	# 분류 • 동물화석: 삼엽충 물고기 공룡알 새발자국 • 식물화석: 고사리 나뭇잎 # 돌로 되어 있지 않은 화석 • 매머드: 얼음에 갇힌 화석 • 호박: 벌레가 송진에 갇혀 단단해진 화석
	화석 생성	# 화석이 만들어지는 과정 • 죽은 생물 • 퇴적물이 빠르게 쌓여야 • 생물의 몸체에 단단한 부분 # 화석 모형 만들기
	화석 이용	# 지구의 역사를 알 수 있음 • 고생물학자: 화석 연구 • 멸종된 생물의 모습, 생활을 알 수 있음 • 과거 지질을 알 수 있음 # 화석 이용 • 화석 연료: 석탄, 석유 # 자연사 박물관 꾸미기 • 전시실 주제: 지층 전시실, 퇴적암 전시실, 화석 전시실 • 관련 글과 그림 만들기

스스로 만들어 본 차례

선행 학습이 온라인 수업에 방해가 된다?

새로 배울 공부를 제대로 하기 위한 핵심은 무엇을 배우는지를 훑어보고 무엇을 모르고 있는지 미리 파악하는 것이다. 간단히 말하면 '예습'을 하라는 뜻이다. 오늘 수업 시간에 배울 부분이라면 전날까지는 파악해 두어야 한다. 그래야 자신이 모르는 부분에 대한 설명이 나올 때까지 집중하게 되고, 원하는 설명을 들었는데도 여전히 알아야 할 개념과 원리가 안개 속에 있다면 질문도 하게 된다. 자연스럽게 수업 참여도가 높아지는 것이다. 무엇을 모르는지를 미리 알고 있으면 그만큼 집중력이 생기고 알게 되었을 때 뿌듯함을 느낄 수 있다.

예습과 비슷한 맥락에서 자주 등장하는 단어가 선행 학습이다. 선행 학습은 진도를 빨리 빼서 그 학기와 해당 학년 이상에서 배울 내용을 미리 공부하는 것을 말한다. 미리 공부하면 좋을 것이라는 통념과 달리 선행은 온라인 학습을 비롯한 교과 공부를 잘 따라가는 데 그리 효과적인 방법이 아니다. 선행 학습을 잘해두었다고 생각하겠지만, 당장 다음 시간에 배울 내용은 수박 겉핥기식으로 배웠을 가능성이 크다. 혹 잘 배웠더라도 과거에 배운 것이기에 기억에서는 사라져 가지만 모르는 것은 없고 질문할 것도 없다고 생각하게 된다. 결국 선행 학습은 '배운 것 같은 추억'을 남기는 작업에 불과하다.

이런 이유로 선행 학습이 온라인 수업을 듣는 데 오히려 방해가 된다고 하는 것이다. 그러니 선행 학습이 아니라 1, 2주 이내에 배울 내용을 미리 보는 예습에 집중해야 한다. 아이의 친구가 선행 학습을 한다고 하더라도 꿋꿋하게 예습만 가볍게 하고 현행 학습에 집중하다 보면 고3 때에는 그 친구보다 더 좋은 결과를 낼 수 있다. 전적으로 이 말을 믿어주길 바란다.

만약 선행을 이미 해버렸다면, 정확한 개념과 원리가 기억에서 다 사라졌을 가능성이 크므로 다시 초심으로 돌아가 처음 배운다는 마음가짐으로 공부를 시작해야 한다. 같은 영화를 2번 보는 셈 치고 다시 공부하는 것인데, 두 번째지만 처음 보는 자세로 돌아가야 한다는 뜻이다. 내용을 이미 안다고 해서 대충 지나가면 그 지식은 체화되지 않는다. 자신이 모르는 것을 파악해서 설명을 잘 듣고, 완전하게 익히는 작업이 필요하다. 초심으로 돌아가기가 쉽지 않아서 그렇지 다시 처음부터 공부한다면 더 잘 이해할 수도 있다. 하지만 선행 학습을 한 학생은 미리 공부하며 사용한 시간이 있어, 다른 학생보다 놀이 시간과 독서의 양, 즉 경험의 넓이를 넓힐 기회가 부족했을 가능성이 있다. 이런 점에서 선행 학습으로 진도가 많이 나간 학생은 놀이와 독서를 뒤늦게라도 보강해야 한다. 그것이 이후의 학습에 영향을 미친다.

왜? 어떻게? 질문이 많은 아이가 유리하다

배우는 부분에 의문을 가지는 것이 수업에 집중하기 위한 첫걸음이다. 모르는 것, 궁금한 것이 있어야 호기심을 갖고 집중해서 수업을 들을 수 있으므로 예습을 하면서 '왜?'를 많이 만드는 게 도움이 된다. '왜?'라는 질문을 만들어 공부하라는 말은 언뜻 하브루타 학습법을 떠올리게 한다. 하브루타는 두 사람이 짝을 지어 토론을 하는 사이 공부가 된다는 이스라엘의 교육법을 말한다. 어릴 때부터 질문하고 답하는 교육을 하면 아이들의 사고력이 깊어진다. 호기심을 갖고 사물을 깊이 보는 습관이 생기는 것이다.

예를 들어, 초등학교 5학년 2학기 과학의 2단원 제목은 '생물과 환경'으로, 소주제는 '생태계란 무엇일까요?'이다. 다음 설명이 함께 나온다.

"우리 주변에는 동물과 식물처럼 살아 있는 것도 있고 공기, 햇빛, 물처럼 살아 있지 않은 것도 있습니다. 살아 있는 것은 생물 요소라고 하고, 살아 있지 않은 것은 비생물 요소라고 합니다. 어떤 장소에서 서로 영향을 주고받는 생물 요소와 비생물 요소를 생태계라고 합니다. 연못과 숲 생태계의 구성 요소를 생물 요소와 비생물 요소로 분류해 봅시다."

아무 생각 없이 이 이야기를 당연한 것으로 받아들이고 답을 할 수도 있다. 그런데 미리 질문을 만들어 보면 이 수업에 더 집중하게 된다.

- 살아 있는 것과 살아 있지 않은 것의 기준은 무엇일까?
- 동물과 식물은 어떤 점에서 다를까?
- 왜 생태계에 비생물 요소를 포함할까?
- 영향을 주고받지 않는 요소들도 있을까?

초등학교 5학년이 이런 질문들을 쏟아 냈다면 믿지 못할 일이겠지만, 당연하게 여겨지는 것도 의문을 가지고 질문을 만들어 보면 절대 당연하지만은 않은 게 우리 주변에 많다는 사실을 알 수 있다. 이렇게 잘 만들어진 질문을 수업 중에 한다면 선생님으로부터 주목받게 될 것이며 다른 친구들 앞에서 어깨가 으쓱해지는 경험이 되어 학습에 더 열중할 수 있는 계기도 된다.

서울대학교 입학본부에서 발간한 〈2015 개정 교육 과정에 따른 고교 생활 가이드북〉에도 '왜'에 대해 언급한 부분이 눈에 띈다. 여기 실린 글들은 모두 서울대 재학생이 쓴 것인데, 입학본부에서 이런 글을 뽑아 제시한 의도를 염두에 두어야 한다.

'왜'라는 질문을 항상 곁에 두세요.

대학에서는 고등학교 때보다 더 많은 양을 더 짧은 시간 안에 배우게 됩니다. 세세한 사항들을 알려주던 고등학교의 수업 방식과는 달리 대학에서는 큰 줄기의 흐름만 수업을 통해 배우고 나머지 가지들은 스스로 공부를 해야 합니다. 이때 필요한 것이 '왜'라고 생각할 수 있는 능력인 것 같습니다. 처음 대학에서 공부하면서 너무 많은 양에 놀랐고 그저 그 많은 내용을 다 외워야 한다는 생각만으로 있는 그대로를 외우기 시작했습니다. 하지만 그렇게 한 공부는 피상적으로 그 학문의 흐름 정도만 알 수 있었을 뿐 배운 내용에 대한 제 생각은 없었고 그 내용에 대한 깊이 있는 이해도 부족했습니다. 오히려 많은 내용을 공부해야 하므로 책에 적힌 글자 그대로 외우는 것이 아니라 왜 이런 현상이 일어났는지, 왜 A라는 사람이 이렇게 말했는지를 끊임없이 고민해야 했습니다. 다른 사람들이 옆에서 본다면 그냥 외우면 될 것을 저렇게 공부하면 시간만 많이 걸리고, 그 내용이 무슨 도움이 돼? 라고 생각할 수도 있습니다. 하지만 대학에서 수행하는 공부의 본질은 지금까지의 학문을 그대로 답습하는 것에 있지 않습니다. 지금까지 쌓아온 학문을 통해 나의 식견을 넓히고 나의 생각을 만들어 가는 것에 그 본질이 있다고 생각합니다. 그래서 단순한 암기보다는 '왜'라는 질문을 항상 생각하며 조금 더 본질적으로 이해하며 이를 통해 나만의 생각을 쌓아야 합니다.

많은 양에도 겁먹지 않고 즐기면서 학문을 천천히 내 것으로 만들어나갈 수 있는 능력이 대학에서 제대로 공부하기 위해 꼭 필요한 능력이라고 생각합니다. 이 능력은 대학에 입학한다고 뿅 생겨나는 것이 아니겠죠? 단순히 주어진 음식을 먹기만 하는 사람이 갑자기 그 음식을 자세히 본다고 어떤 재료가 어떤 방식으로 요리되었는지 절대 한 번에 알 수 없습니다. 그래서 고등학생 때부터 내게 주어진 요리가 어떤 재료를 써서 어떤 방식으로 요리되었는지 고민하는 연습을 해야 합니다. 이 연습은 생각보다 어렵지 않아요. 왜, 피타고라스법칙에서 $a^2+b^2=c^2$이 성립하는지 고민하고, 당뇨병 환자에게 왜 '다음, 다뇨, 다식'의 증상이 생기는지 고민하는 것 모두가 연습이 될 수 있습니다. '왜'라는 단어를 항상 떠올리며 주어진 것 그대로가 아닌 더 많은 것을 얻어갈 수 있는 공부를 하며 대학에서 학문을 진짜 즐길 수 있는 사람이 되기를 바랍니다.

항상 '왜'라는 단어를 떠올리며 공부를 하다 보면 '많은 양에도 겁먹지 않고 즐기면서 학문을 천천히 내 것으로 만들어나갈 수 있는 능력'이 생긴다고 하는데, 많은 양에도 겁먹지 않는 태도는 공부에서 꼭 필요한 능력이다. 이것을 '근성' 또는 '집념'이라고 하는데, '왜'라는 물음을 하면 근성과 집념을 갖게 된다는 점도 시사하고 있다. 질문이 많은 아이가 공부를 잘할 수 있는 이유다.

공부의 핵심은 집중,
최고의 집중 방법은 필기

영화나 드라마를 보면서 필기를 하는 사람은 없다. 대부분의 스토리는 적절하게 긴장과 이완을 반복하면서 절정을 향해 가므로 졸릴 틈도 없고, 좀 졸았다 하더라도 굳이 내용을 적지 않아도 이해되는 수준까지만 즐기면 된다. 영화 〈인셉션〉은 크리스토퍼 놀란 감독이 각본과 제작까지 담당한 대작으로 전 세계적으로 흥행에 성공한 영화였는데, 영화의 마지막 장면이 꿈인지 현실인지를 두고 관객들의 의견이 분분했다. 그뿐 아니라 전체적으로 어떤 장면이 꿈인지, 혹은 꿈속의 꿈인지, 어디까지가 현실인지도 아리송하다는 후기가 주를 이뤘다. 보다 최신 영화를 예로 들면, 2020년 가을에 개

봉한 같은 감독의 영화 〈테넷〉을 봐도 비슷한 느낌을 받을 것이다. 어느 장면이 현재이고 어느 장면이 미래에서 온 현재인지 구분하지 못한 관객이 많다고 한다. 그러나 이 영화를 보면서 노트 필기를 하거나 메모를 했다는 사람은 아무도 없다. 모르는 채로 남겨두어도 문제가 없기 때문이다.

잠깐 들러 인사만 하고 싶다던 낯선 사람이 자리에 앉자마자 가방에서 작은 수첩을 꺼내고 이야기를 메모하겠다고 말하는 상황을 상상해 보자. 그 말을 들으면 순간적으로 긴장이 된다. 내 앞에 앉은 상대는 특정한 목적이 있는 사람이 아니고 내 이야기를 취재하고 기사를 쓰러 온 기자도 아니다. 그런데 왜 수첩에다 내 말을 적겠다는 거지? 이런 생각이 들기 시작하면 입을 열 때 좀 더 신중하게 되고 왠지 말에 책임을 져야 할 것처럼 느껴진다. 메모의 여부에 따른 마음가짐의 차이를 인식하면 왜 쓰면서 듣는 일이 중요한지 깨달을 수 있다. 영화를 볼 때는 메모하지 않지만, 중요한 말을 들을 때는 메모하는 이유는 바로 이 '집중'에 있다.

온라인 수업도 이와 마찬가지로 기록이 수업 내용을 이해하고 기억하는 데 큰 도움이 된다. 또 수업에 집중하게 하는 데도 도움이 된다. 울산 성광여고 학생들이 출연한 〈도전! 골든벨〉에서 학생들에게 화상 강연을 했을 때, 내가 한 이야기를 메모한 사람들은 공책을 들어 보여달라고 했다. 참가한 학생들의 대부분이 공책을 들어서 응

답했다. 온라인 시대에는 적는 사람을 당할 수 없다.

한 가지 팁을 이야기하자면 아이에게 필기를 지도할 때, 과목별로 다른 공책을 마련해 정리하도록 가르쳐야 한다는 것을 기억하자. 당연히 과목별로 각각 다른 공책에 필기하겠거니 하고 넘어가기 쉽지만, 의외로 종합장처럼 사용하는 공책에다 그날 배운 과목 필기를 전부 다 하는 학생들도 많다. 이유를 물어보면 적을 양이 많지 않아 종합장에 쓴다고 하는데, 그러면 나중에 과목별로 공부할 때 복습이 어려워진다. 흩어진 필기를 다시 정리하는 데 시간을 빼앗겨 정작 공부를 할 시간이 줄어드는 경우가 태반이다. 따라서 적을 양이 많지 않아도 공책은 과목별로 마련해야 한다. 처음에는 줄이 쳐진 공책을 사용해야 하지만, 글을 많이 쓰다 보면 줄 없는 백지 공책에 쓰더라도 저절로 행이 올라가거나 내려가지 않으며, 행 간격이 맞게 써진다.

요약하며 듣다 보면 핵심 내용이 머릿속에 쏙쏙

온라인 수업도 오프라인 수업과 마찬가지로 학습 내용의 많은 부분을 말로 하는 설명을 통해 듣는다. 이때 요약하면서 들으면 핵심 내용을 파악하는 데 도움이 된다. 무슨 말인지를 모르면 요약할 수 없기 때문이다. 처음에는 수업 내용 대부분을 적으려고 노력하지만 그건 별 소용이 없다. 글씨가 말하는 속도를 따라가기는 어렵기 때문이다. 선생님의 말을 그대로 적는 것이 아니라 스스로 이해하며 요약하려는 시도를 계속하다 보면, 핵심을 잡아 어휘 수준과 문장 수준을 섞어 쓰면서 요약할 수 있는 능력이 생긴다.

필기의 목적은 강의를 잘 듣고 나중에 복습이 가능하도록 자료를 만드는 것이므로 옆에 책을 두고 요약하는 것과는 다르다. 글씨를 빨리, 알아볼 수 있게 쓰는 것을 목적으로 해야 한다.

요약하면서 생각그물(마인드맵)처럼 논의의 구조를 그림으로 나타낼 수도 있고 따로 구석에 화살표를 빼서 의문이 드는 점이나 느낀 점들을 적어 놓을 수도 있다. 이런 기록이 생생한 공부 이력으로 쌓여 공부한 흔적 그 자체가 뿌듯함이 되어 공부 재미를 더하게 한다. 요약하는 가운데 선생님이 강조한 부분은 구분하여 하이라이트로 박스를 만들 수도 있다.

이런 공책 정리는 어수선한 것처럼 보이는데, 정리가 잘 된 모양을 선호한다면 공책의 칸을 나누어 기록할 부분과 생각 및 요약 부분으로 구분해서 쓰면 된다. 어떤 방식이든 여러 방법에 도전해서 자신에게 맞는 방식들을 접목하고 개발해서 '나만의 노트'를 만드는 것이 공부에 도움이 된다.

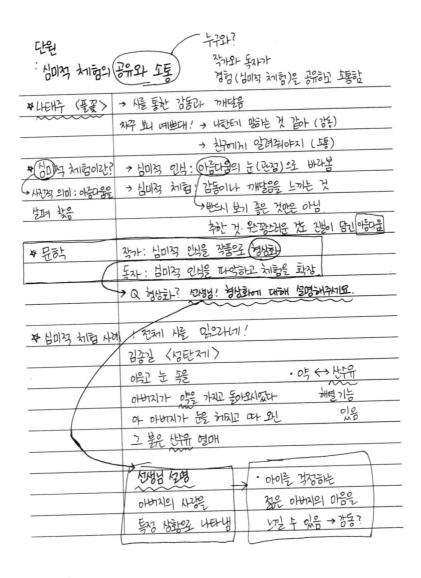

단원
: 심미적 체험의 (공유와 소통) ─── 누구와?
작가와 독자가
경험 (심미적 체험)을 공유하고 소통함

✱ 나태주 〈풀꽃〉 → 시를 통한 감동과 깨달음

자꾸 보니 예쁘대! → 나한테 말하는 것 같아 (감동)

→ 친구에게 알려줘야지 (소통)

✱ (심미적) 체험이란? → 심미적 인식: (아름다움의 눈 (관점)으로 바라봄
↳ 사전적 의미: 아름다움을 → 심미적 체험: 감동이나 깨달음을 느끼는 것
살펴 찾음 ↳ 반드시 보기 좋은 것만은 아님.

추한 것. 완강스러운 것도 진빨이 담긴 아름다움

✱ 문학 작가: 심미적 인식을 작품으로 (형상화)

독자: 심미적 인식을 파악하고 체험을 확장.

→ Q 형상화? 선생님! 형상화에 대해 설명해주세요.

✱ 심미적 체험 사례 → 전체 시를 읽으라네!

김종길 〈성탄제〉

아읔고 눈 속을 · 약 ↔ 산수유

아버지가 약을 가지고 돌아오시었다 해열 기능

아 아버지가 눈물 처럼 따 왼 있음

그 붉은 산수유 열매

선생님 설명 → · 아이를 걱정하는

아버지의 사랑을 젊은 아버지의 마음을

특정 상황으로 나타냄 느낄 수 있음 → 감동?

요약하는 필기의 예시

생각그물로 전체 구조 파악하며 정리하기

마인드맵이라는 단어로 더 널리 알려진 '생각그물'은 1971년 영국의 교육심리학자인 토니 부잔이 고안한 사고법이다. 생각그물은 중심이 되는 낱말이나 이미지로부터 연상되는 생각들을 방사형으로 펼쳐나가면서 생각을 확장해 가는 방법이다. 핵심어와 이미지, 색과 부호를 적절하게 사용하여 생각의 전체 구조를 다면적으로 파악하게 하는 장점이 있다. 생각의 가지를 펼쳐 나가며 관련된 내용을 확장하는 방법으로 가지를 뻗는다.

생각그물을 만들면 생각이 풍부해진다. 생각을 정리하는 효과보다 생각을 만들어 내는 효과가 더 크다. 발표를 준비하거나 축제를 기획하기 전에 생각그물로 내용을 정리하면 놓치는 항목이 크게 줄어든다. 또 생각그물의 큰 줄기를 구분하는 사이에 분류적 지식이 확립된다. 예를들어 '수영 경기'를 핵심어로 생각그물을 만든다고 하면, 큰 줄기는 '경영, 다이빙, 수구, 싱크로나이즈드'라고 적어야 올바르다는 것을 알게 된다. 그 이전에 알고 있던 수영 '영법'의 4가지 '자유형, 평영, 배영, 접영'은 경영의 하위 개념이라는 것을 깨닫게 된다.

우선 공책 가운데 핵심어를 쓰거나 이미지를 그려 놓는다. 오늘 학습한 주제가 '의사소통 역량 키우기'라면 그 말을 쓰거나 관련 이미지를 그려 넣는다. 큰 가지에는 교과서 작은 제목인 '의사소통 역

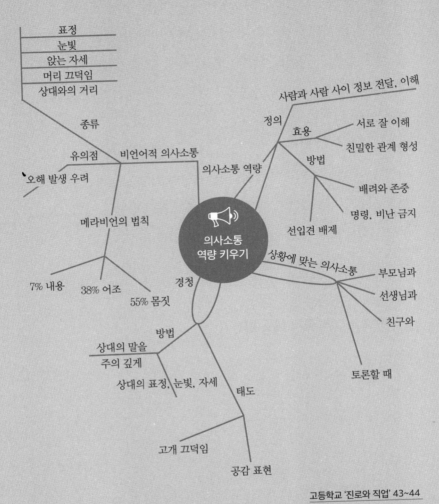

표정
눈빛
앉는 자세
머리 끄덕임
상대와의 거리

종류

유의점   비언어적 의사소통

오해 발생 우려

메라비언의 법칙

7% 내용   38% 어조

55% 몸짓

경청

방법

상대의 말을
주의 깊게

상대의 표정, 눈빛, 자세

태도

고개 끄덕임

공감 표현

사람과 사람 사이 정보 전달, 이해

정의

효용   서로 잘 이해

친밀한 관계 형성

방법

의사소통 역량

배려와 존중

명령, 비난 금지

선입견 배제

상황에 맞는 의사소통   부모님과

선생님과

친구와

토론할 때

의사소통
역량 키우기

고등학교 '진로와 직업' 43~44

생각그물의 예시

량, 비언어적 의사소통, 경청, 상황에 맞는 의사소통'을 적는다. 각 큰 가지에 작은 가지로 생각을 확장해 나간다. 수업 중 배운 개념, 새로 든 생각 등을 마구마구 적는다. 생각그물의 큰 줄기별로 다른 색깔 필기구로 적으면 보기에도 예쁘고 다른 줄기의 생각과 차별화하는 데도 도움이 된다.

아이들은 이 방법을 초등학교 4학년 국어 시간에 배운다. 우리 아이가 이 방법에 익숙하지 않다면 배울 때 알고 있었지만, 몸에 배도록 사용하지는 않았기 때문이다. 집에서 아이와 함께 생각그물을 그리는 연습을 해 보면 어떨까? 학년이 올라가면서도 효과적으로 내용 정리 및 이해를 도와주는 든든한 도구가 될 것이다.

수업 시간에 졸지 않는 법

수업을 따라가면서 기록하거나 요약하면 생각이 그 안에 머물러 있게 되므로 집중도가 높아지기 때문에 졸음에서도 벗어날 수 있다. 그러나 반 친구들과 함께 있지 않고, 외부 상황이 차단되기 쉬운 온라인 수업은 졸음을 불러오기 마련이다. 작든 크든 수업이 흘러나오는 화면만 들여다보고 있으면 곧잘 지루해진다. 등교 학습의 경우 활동 수업, 즉 학생 중심의 수업이 진행되기 때문에 대부분 깨어있을 수밖에 없다. 단순히 받아 적는 것에서 벗어나 스스로 생각하고 활동으로 결과를 내니 졸지 않는 것이다. 학습에 참여하는 사이에 뇌가 각성하기 때문이다. 주입식 수업을 했던 과거, 학생 대부분이 쓰러져 잠만 자던 것과는 사뭇 다른 풍경이다.

그러나 이와 별개로 우리나라 학생들은 늘 수면 부족을 호소한다. 공부하느라 수면 시간을 빼앗겨서 그런 이유도 있지만, 청소년기에는 대부분 늦게까지 깨어 스마트폰이든 컴퓨터든 무엇인가를 하기 때문이다. 그리고 아침에 일어나지 못하는 생활을 반복한다. 이러면 온라인 학습 시 반드시 졸게 된다. 수동적으로 설명을 들어야 하는 상황이 오프라인 수업보다 많기 때문이다.

이때 학생이 예습한 내용을 상기하며 당일 학습하고 있는 내용을 기록하면서 공부하면 졸음에서 벗어나 수업에 집중할 수 있다. 필기하고 생각하는 입체적인 학습을 하는 사이 뇌가 각성하기 때문이다. 손을 움직이면 두뇌활동도 덩달아 활발해진다. 또한 마이크를 끈 상태로 듣고 있다면 화면의 설명을 따라 해 보는 것도 괜찮은 방법이다. 물론 규칙적으로 일정한 시간에 자고 다음 날을 대비하는 습관을 가져야 한다는 것은 두말할 필요 없는 철칙이다.

온라인 환경 200% 활용한
수업 듣기 필살기

어떤 소리를 그저 멍하니 듣고만 있으면 절대 기억에 남지 않는다. 모르는 것과 아는 것도 구분이 안 된 채로 들은 말들이 머리를 스치고 지나가기 때문이다. 한 귀로 듣고 한 귀로 흘린다는 속담은 바로 이 자세를 꼬집는 말이다. 반면에 '경청'은 상대방의 말에 집중하며 그 말의 뜻을 새겨듣게 되므로 아는 것, 이해가 되는 것, 모르는 것, 의심스러운 것 등을 구분해서 듣게 된다. 또한 이어지는 생각을 보충해서 깊이 공부할 수 있는 바탕이 되고, 모르는 것을 파악해 질문으로 의문을 해소할 수도 있다.

경청은 학습에 집중하여 학습 성과를 높이는 데만 유효한 것이 아니라, 수업을 진행하는 선생님과 화상으로 눈을 마주치면서 화면에 등장한 사람 중 가장 기억에 남는 학생으로 각인되는 효과도 있다. 선생님의 눈길은 자연스레 집중해서 듣고 있는 학생에게 조금이라도 더 가게 된다.

의사소통 방법에서 경청은 첫 장에 나오는 덕목이다. NCS(국가직무능력표준)에서도 의사소통 역량을 중시하고 있는데, 그 역량 중 경청이 큰 비중을 차지하고 있다. 널리 알려진 경청 연습 방법으로는 두 사람이 마주 앉아 한 사람이 3분 동안 이야기를 하고 한 사람은 듣는 훈련이 있다. 아이와 함께 이 연습을 해 보는 것을 추천한다. 말하는 사람은 발표·면접 훈련이 되고 듣는 사람은 경청 습관 연습이 된다. 이때 상체를 말하는 사람에게 좀 더 기울이기, 상대의 말에 추임새 넣기, 상대의 말을 반복하기 등을 하면서 듣는다. 다 듣고 난 뒤에 상대방에게 들은 이야기를 요약해서 말해 주고 내용이 맞는지 확인한다. 다 하고 나서 역할을 바꿔 연습하면 말하기 능력과 경청 능력 모두를 향상시킬 수 있다.

화면 속 선생님과 눈을 마주치고 들어라

온라인 수업은 주로 화면을 주시하면서 설명을 듣는 일이 주를 이룬다. 그런데 그 소리가 백색소음처럼 들린다면 내용이 이해되지 않은 채로 휘발성 물질처럼 날아가 버리고 만다. 그래서 온라인 수업은 그냥 듣기보다 경청하면서 듣기를 해야 한다. 경청의 기본은 상대의 눈과 내 눈을 마주치고, 다른 생각을 하지 않고 집중해서 듣는 것이다. 아이에게 의식적으로 선생님의 눈을 바라보라고 가르치자. 말하는 사람의 눈을 마주하면 그 사람의 말을 놓치지 않게 된다. 말하는 이를 바라보지 않고 들으면 수시로 다른 생각이 침입한다. 지나간이야기에서 들었던 의문에서 벗어나지 못하는 경우도 있지만, 아예무관한 생각이 들어 맥락 자체를 놓치기도 한다. 그래서 눈을 마주치면서 들어야 한다. 선생님이 화면 한쪽에 등장해서 설명할 때도 선생님과 눈을 마주치도록 연습해야 한다. 물론 화면에는 자신의 모습이 다른 어떤 곳을 보고 있는 듯이 보일 것이다. 웹캠 렌즈를 보고 있어야 정면을 보는 것처럼 보이기 때문에 생기는 일이다. 그래도 렌즈대신 움직이는 선생님의 눈을 보아야 한다.

무조건 리액션을 크게! 반응하면서 들어라

〈공부가 머니?〉에 패션모델 한현민 씨가 출연한 적이 있다. 그는 검정고시에 재도전하려는데, 어떻게 하면 공부를 시작할 수 있을지 고민을 해결하기 위해 출연했다. 그날 패널들도 도움이 되는 많은 이야기를 했지만, 미리 녹화된 화면 속에 한현민 씨와 아이돌 그룹 AB6IX에서 활동하는 이대휘 씨가 공부법에 관한 대화를 나누는 장면이 굉장히 인상 깊었다. 이대휘 씨가 공부를 잘하려면 계획을 세워야 한다고 말하니, 현민 씨가 대휘 씨의 말에 "아하, 그렇구나~."와 같이 큰 리액션을 보였다. 이렇듯 상대의 말에 적절한 맞장구를 치는 일은 상대방에게 호감을 주는 행동이다. 자기의 이야기에 호응해 주는 사람보다 소중한 사람이 있을까? 나는 현민 씨가 보인 대화의 기술에 대해 큰 장점이라고 말해주었다. 물론 온라인 비대면 상황에서는 내가 하는 반응이 티가 나지 않을 수도 있지만, 이때의 반응은 남을 위한 반응이 아니고 나를 위한 반응이다. 설명을 들으면서 소리를 내어 반응하면 내용을 놓치지 않고 잘 들을 수 있게 되며, 졸음도 사라지는 부가효과를 얻을 수 있고, 기분도 좋아진다. 학창 시절부터 좋은 습관이 몸에 배면 나중에 입시 면접이나 취업 면접을 볼 때도 유리하다.

소리 내어 따라 하고 질문하며 들어라

온라인 수업에서 내 마이크는 보통 꺼져 있으므로, 질문하려면 채팅창에 타이핑해야 할 가능성이 크다. 그러나 아무도 들어주지 않아도 반사적으로 되물어 보면 내용을 기억하는 데 도움이 된다. 선생님이 "토마토는 채소야."라고 말씀하시면 따라서 "토마토는 채소란 말이지."라고 되뇌는 방법이다. 다만 수긍이 되지 않거나 의문이 생기는 말이라면 따라 하지 말고 한쪽에 적어두거나 질문해야 하는 것은 당연한 일이다.

또한 수업을 듣고 있다가 주제와 상황에 맞는 적절한 질문을 하면 선생님은 그 질문에 집중한다. 질문한 학생을 선생님이 기억하는 것은 물론이다. 다만 질문도 사전에 계획적으로 만들어야 한다. 아이가 예습하면서 그럴듯한 질문을 미리 준비하고, 적당한 타이밍에 질문해서 자신을 드러내도록 만들자. 대통령 기자회견에서 멋진 질문을 하는 기자처럼 오늘 수업의 핵심을 질문하면 다른 친구들도 놀라 다시 보게 된다. 그야말로 괄목상대^{刮目相對}하게 되는 것이다. 주목받는 사람이 되면 저절로 태도가 좋아지며 책임감도 느끼게 된다.

휴대전화, 거울 치우고
침대에서 먼 곳으로

집에서 온라인 수업을 들을 때 주변 정리가 되어 있지 않으면 집중을 방해하는 요소에 현혹되기 십상이다. 여학생은 주로 화장품과 거울, 스마트폰이 집중을 방해하고 남학생은 스마트폰과 게임이 집중을 방해한다. 여학생은 공부하다 말고 갑자기 거울을 들여다보고 머리를 빗고 눈썹을 그리는 등 어수선한 행동을 보인다. 남학생은 친구들과 스마트폰으로 게임을 하거나, 수업 화면 옆에 작은 게임 창을 띄워두고 게임과 수업을 병행하는 헛된 자신감도 보여준다. 이런 방해 물건들은 아예 손에 닿지 않는 곳으로 치워야 수업 중에 유혹에 빠지지 않는다.

침대 옆에 책상을 두면 의자에서 침대로 자리를 이동하고 싶어지고, 자리를 옮기면 금방 누워 잠들어 버린다. 아이들은 늘 잠이 부족하기에 일단 누우면 잔다. 잠들기 전에 엎드려서 뭔가를 보려는 노력도 하지만, 엎드려서 책을 보는 자세는 건강에도 좋지 않고 책을 오래 볼 수도 없다. 침대는 책상에서 멀리 떨어진 곳에 두어야 눕고 싶은 유혹에 빠지지 않는다.

온라인 수업을 듣는 컴퓨터를 아무도 볼 수 없는 곳에 두면 딴짓의 유혹에 빠질 가능성이 크다. 온라인 수업을 들으면서 게임을 하는 이유도 다른 사람이 볼 수 없는 곳에 컴퓨터가 있기 때문이다. 침대가 컴퓨터 옆에 있으면 컴퓨터를 켜 놓은 채로 침대에 누워 멀리서 화면을 바라만 보게 될 수도 있다. 컴퓨터를 거실에 두라는 이유가 그 때문이다. 공부를 방해하는 환경과 아이를 분리해야 한다는 뜻이다. 그렇지만 가정마다 여건이 다르고 수업에 사용하는 기기도 다르므로 자기 집에 어울리는 공간 구성을 해야 하겠지만, 원칙은 공부하는 공간과 생활하는 공간은 분리해야 한다는 것이다. 아무래도 아이들은 자제력이 약하기 때문에 공부를 위한 환경을 신경 써서 조성할 필요가 있다.

또한 공부하는 데 필요한 물건들이 어지럽게 펼쳐진 책상을 보면 엄마들은 저렇게 어지러운데 공부가 될까 하는 마음이 들 수도 있지만, 아이가 다양한 책을 보면서 공부를 하게 되면 책상이 어지러울 수 있다. 스스로 원하는 책을 찾지 못할 만큼 더럽다면 정리를 해야한다. 그러나 어지러운 상태가 아이의 머릿속에서는 정리된 것으로여기는 상태라면 굳이 남 보기에 깨끗하게 정리할 필요는 없다. 찾아보면 아인슈타인의 책상과 스티브 잡스의 책상도 이리저리 어질러진모습이다. 남들이 보기에 깨끗한 책상은 공부와 창의적인 발상에 도움이 되지 않는다. 하루에 서너 과목을 공부하고 자료를 찾아가면서글도 쓰려면 어질러진 책상이 오히려 답일 수 있다.

SNS로 하는 공부,
정말 효과가 있을까?

'브이로그^{VLOG}와 공스타그램, 캠스터디' 이 단어들이 무엇을 뜻하는지를 물으면 구시대 인물이라고 한다. 이미 요즘 학생들은 다 알고 있다. 검색 엔진에서 브이로그를 검색하니 연관 검색어로 브이로그 카메라, 브이로그 편집, 브이로그 삼각대, 브이로그 어플 등의 단어가 추천되어 있다. 브이로그는 '비디오^{video}'와 '블로그^{blog}'의 합성어로, 자신의 일상을 동영상으로 촬영한 영상 콘텐츠를 말한다. 브이로그보다는 한국어인 '영상 일기'라는 표현이 조금 더 직관적이다. 요즘은 학생들도 본인들의 일상을 기록해 영상 일기를 만들어 유튜브와 인스타그램 등 SNS에 올린다. 화려한 영상 일기를 만들기 위해서라면 좋은 카메라가 있어야겠지만, 공부하는 모습 위주의 영상이라면 스마트폰 촬영으로도 충분해서 별도의 장비가 필요하지는 않다.

이 영상 일기의 장점은 자신의 일상을 공유하는 형식이므로 공부하는 모습이 타인에게 보여진다는 것이 전제되어 있다는 점이다. 그렇기에 오히려 공부에 집중할 수 있고, 공부 시간도 길게 유지하는 데 도움이 된다. 아이들 사이에서는 꽤 유명한 공부법이지만, 공부가 되지 않을 때 다른 친구의 공부 모습을 찾아보다가 정작 자기 공부는 안 하고 남이 공부하는 모습을 보기만 했다는 후기도 있다.

공스타그램은 공부와 인스타그램의 합성어로, 자신의 필기, 하루의 공부량, 스터디 플래너 등을 인스타그램으로 공유하면서 공부하는 방식이다. 학생들 사이에서 특히 이 '공스타그램' 열풍이 대단하다. 공스타그램 전용 계정을 따로 만들어 관리하는 친구들도 있고, 서로 맞팔로우 하고 댓글을 달며 격려도 해주고 서로 동기 부여도 해준다. 어른들이 보기에는 인스타그램에 영상과 사진을 올리는 시간에 공부를 더 하는 것이 좋지 않겠냐는 의견도 있지만, 공스타그램을 하는 학생들은 동기 부여도 되고 집중도도 높일 수 있다고 의견을 말한다.

캠스터디는 캠(카메라)과 스터디의 합성어인데, 자신이 공부하는 모습을 실시간으로 공개하면서 공부하는 방식이다. 자신이 공부하는

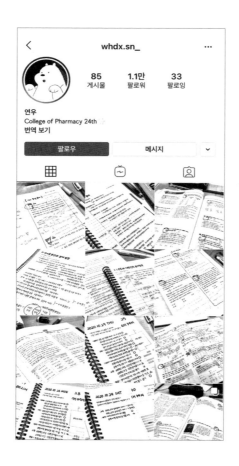

공스타그램 예시(@whdx.sn_)

화면을 띄우고 다른 사람이 공부하는 모습도 보게 되면 함께 공부하고 있는 듯한 느낌이 들기도 하고, 집에서 공부할 때 게임이 하고 싶어지거나, 눕고 싶은 유혹이 들 때 카메라가 감시해 주므로 자제가 된다고 한다. 유튜브 라이브를 활용해 실시간으로 자기가 공부하는 영상을 중계하거나 녹화해서 올리는 '스터디 위드 미' 같은 방식도 유행이다.

　부모님들이 학생이었던 시절에는 없었던 방법이라 엄마에게는 좀 의아할 수 있지만, 자기 표현의 욕구가 높은 요즘 아이들의 경우 효과적으로 사용하면 자기 관리에 도움이 된다.

함께 쓰는 '감정 일기'로
정서 안정

힘들고 속상할 때 노래를 부르면 힘든 마음이 풀린다. 공부하다 지칠 때 코인 노래방에서 마음을 푸는 아이들의 행동은 본능이다. 과거의 노동요도 힘든 일을 견디기 위해 불린 노래들이다. 이처럼 속상한 일을 밖으로 표출하는 것만으로도 마음이 열린다. 말이나 노래는 그 자체로 치료 효과가 있기 때문이다. 상담자가 내담자의 이야기를 들어주기만 해도 내담자는 마음을 정리한다. 이처럼 집에서 꼼짝 못 하는 아이의 속마음을 제대로 들어만 주어도 아이는 자기 자리로 돌아간다. 문제는 엄마도 지치고 속이 상한 상태라 누군가에게 자신을 드러내고 털어놓아야 한다는 점이다. 잠시 가까운 친구와 수다를 늘어놓는 게 마음 건강에 도움이 되지만, 나이를 먹어갈수록 친구의 힘든 마음을 들어줄 여유를 가진 사람이 주변에 별로 없다. 다 비슷하게 힘들기 때문이다. 그럼 어떻게 해야 할까?

들어줄 사람이 없어도 그 마음을 표현하면 한결 나아진다. 이때 글로 쓰는 게 큰 도움이 된다. '감정 일기'를 쓰는 것을 추천한다. 오늘 자신의 기분과 감정을 차분하게 일기장에 쓰다 보면 마음이 객관화되고 제삼자의 입장에서 자신에게 충고를 건넬 수도 있다. 타인의 시선으로 자신의 마음을 바라보면 아픔과 스트레스 또한 더 잘 들여다 볼 수 있다. '네이버 밴드' 같은 온라인 플랫폼에 친구 없이 혼자 글을 올리면 밴드가 내 말을 들어주는 친구 역할을 한다. 다른 사람의 공감을 받고 싶으면 페이스북이나 인스타그램에 글을 쓰면 아는 이가 '좋아요'를 눌러 주겠지만, 되려 좋아요 수에 민감해지는 역효과도 있으니 조심해야 한다.

엄마의 최종 목표와 바람 중 하나는 아이가 바르게 생활하고 공부하도록 잘 양육하는 것인데, 아이가 도통 내 뜻처럼 움직이지 않으니 힘든 것이다. 내가 어떤 순간에 어떤 일로 마음이 흔들렸고 그때 내가 어떤 대응을 했으며, 그래서 내 마음이 어땠는지를 기록하면 마음은 정리된다. 매번 기록하기 번거롭다면 월별 달력에 색색의 스티커를 붙이는 방법도 있다. 매일의 우울함, 밝음, 분노, 속상함, 기쁨 등의 감정을 색으로 정해 하나씩 붙이면서 자신의 마음이 일정 기간 어땠는지, 왜 그런 감정이 생겼는지 살펴보는 것이다.

엄마의 마음이 안정되어 있어야 아이의 이야기를 들어줄 여유도 가지게 된다. 엄마 마음이 넉넉해지면 아이의 투정을 받을 수 있는 마음 공간이 생겨나기 때문이다. 등교하지 못하는 시간 동안 아이는 아이대로 친구도 없는 집에서 매시간 화면으로 선생님을 만나거나 녹화된 영상을 보고 있다. 마음은 지쳐가고 놀고 싶은 마음 가득하다. 스트레스가 머리끝까지 차서 엄마가 한마디라도 보태면 무너질 태세다. 이때 엄마에게 마음의 여유가 있다면 아이의 상태에 공감할 수 있다. 아이가 투정을 부리거나 짜증을 내도 아이를 혼내거나 윽박지르지 않고, 그저 "그러니?" 하고 고개를 끄덕이고 감탄사만 날려주어도 아이는 금세 책상으로 돌아간다.

사실 아주 어린아이가 아니라면, 아이도 자신의 행동을 스스로 모니터링하고 반성도 할 줄 안다. 그런데 아이가 마음이 차분해진 뒤 엄마에게 미안한 마음을 전하려고 해도 연결 통로가 없으면 알릴 길이 없다. 말로 전하면 엄마에게 잔소리를 또 한번 듣게 될 가능성이 높기 때문이다. 엄마는 반성하고 나타난 아이를 그대로 받아들이지 못하고 다음부터 그러면 안 된다면서 한바탕 잔소리를 다시 늘어놓기 십상이다. 그러므로 아이와 엄마가 같이 쓰는 감정 일기가 있다면 소통에 도움이 될 수 있다. 서로 할 말을 일기장에 적으면 되는데, 이때 형제자매가 둘 이상이면 각각 다른 공책을 사용하는 것이 좋다.

종이로 된 일기장을 대신할 온라인 도구를 이용해도 무방하다. 다만 손으로 적는 일기를 더 추천하는 이유는 손글씨가 서툴러서 문제가 되는 지금 시대에 손글씨 연습하는 효과까지 덤으로 얻을 수 있기 때문이다.

학습 효과를 높이기 위해서는 '불안'을 다스려야 한다. 즐거운 상태에서는 정서의 뇌가 자극을 받아 인지의 뇌를 열고 정서와 인지가 상호작용을 해 공부가 즐겁게 잘 된다. 그러나 스트레스를 받는 상황에서는 뇌가 수축하고 생각을 할 수 없는 상태에 머무르기 때문이다. 이렇게 되면 책상에 앉아 있어도 학습은 되지 않는다.

코로나19로 등교를 하지 못하는 학생들은 동아리 활동, 봉사 활동, 진로 활동 등 체험 활동을 할 수 없게 되자 입시에 불리하지 않을까 걱정하고 있다. 이런 상태가 계속되니 가뜩이나 수능 성적은 나오지 않는데 학종으로 대학가기에 불리하지 않을까 더 불안해 한다.

2020년 6월 〈도전! 골든벨〉에서 울산 성광여고 학생들을 대상으로 온라인 강연을 했을 때 학생회장이 불리한 상황을 어떻게 극복할 수 있는지 내게 질문했다. 그날 나는 '만약 임진왜란이라는 국난이 없었다면 이순신 장군도 없었을 것'이라며 위기를 슬기롭게 극복하여 기회로 만드는 사람이 되어야 한다고 말했다. 또한 "이런 상황을 처음 겪은 여러분이 새로운 세계를 개척할 주인공입니다."라는 말로 강연을 마쳤다. 하지만 이런 말을 들어도 학생 대부분은 불안한 마음이 들고 공부가 잘 안 된다. 집중력이 떨어지니 공부를 그럭저럭 따라오던 학생들의 학습이 부진하게 된 것과 달리, 일부 학생은 오히려 성적이 올라 공부를 더 잘하는 그룹에 속하게 되었다고 한다.

어떻게 해야 우리 아이가 공부 잘하는 그룹에서 더 발전할 수 있을까? 해답은 정서에 있다. 정서 안정이 먼저, 학습법 실천이 그다음이다. 불안은 좌절을 낳으므로, 아이의 불안한 마음을 달래는 것이 최우선이다.

'엄마는 내가 공부를 못해서 동생과 차별해.'

'아무리 해도 안 돼. 난 머리가 돌멩인가 봐.'

'이대로 가다가는 결국 대학에 들어가지 못할 거야.'

아이가 이러한 마음을 갖고 있으면 제대로 공부할 수 없다. 이뿐만 아니라 당장 닥친 과제에 대한 중압감과 등교하면 곧 있을 시험에 대한 불안 등도 겹쳐 있다. 어떻게 해야 아이의 마음을 차분히 가라앉힐 수 있을까?

문제를 해결하기 위해서는 학생이 상담을 받고 마음의 위로를 받게 하는 것이 우선이다. 상담은 학교에 응원을 요청하는 것이 효과적이다. 온라인 수업이 주를 이루고 있어도 간헐적으로 등교도 하고 전화나 메신저 등 선생님과 쌍방향으로 소통할 기회는 충분하니, 담임 선생님께 아이의 상황을 알리는 것이 좋다. 담임 선생님이 아이가 어려움을 겪는다는 것을 알게 하기가 꺼려진다면 다른 선생님의 도움을 받을 수도 있다. 이전 학년에 라포르(친밀감과 신뢰)가 형성되었던 선생님, 또는 이전에 다니던 학교 선생님 등 아이가 마음을 열 수 있는 선생님이면 다 괜찮다.

일단 선생님은 아이의 심리 상태를 충분히 듣고, 문제를 해결할 방안을 제시할 것이다. 또한 아이가 해결 방법을 잘 익히도록 도와줄 것이다. 가정환경이 급격히 나빠졌다든가, 친한 친구와 멀어졌다든가 하는 아이의 다양한 좌절 상황을 풀어낼 방법을 함께 찾을 것이다. 대부분은 이야기를 들어주는 것만으로도 아이는 심기일전하게 된다. 노래를 부르면 마음이 가라앉듯이 이야기를 하면서 마음이 가라앉는다. 아이의 학습적인 부분에 관심을 가지는 만큼, 심리적인 부분에도 주목해야 하는 이유다.

집에서 아이와 함께 할 수 있는 마음 관리

• 심호흡

불안한 마음이 떠오를 때 심호흡하기로 몸을 이완하면 마음이 편안해지는 효과가 있다. 아이와 함께 불안한 마음을 직시하고 숨을 깊이 하나, 둘, 셋 들이마시고, 다시 하나, 둘, 셋 내쉰다. 이 사이 불안이 얼마나 감소했는지 스스로 체크하면서 몇 차례 반복한다.

• 아이와 나란히 서서 하는 스트레칭

자기 몸을 팔로 감싸고 몸을 앞으로 숙이면 등 근육이 이완되면서 불안감이 사라지기도 한다. 오른팔로 왼 어깨를 잡고, 왼팔로는 오른 어깨를 잡는다. 그 자세에서 고개를 앞으로 숙이고 어깨도 모은다. 그러면 등이 넓어지면서 근육이 늘어난다. 등근육이 이완되면 두통도 완화된다.

• 마주 보고 박수치고 웃기

엄마와 아이가 마주 서서 서로에게 박수를 쳐 준다. 박수를 치면 혈액순환이 잘 되고 소리 울림에 반응해서 기분이 좋아진다. 기분이 좋아지면 큰 소리로 웃는다. 허리가 휘도록 웃고 나면 눈물도 좀 나고 기분도 한결 나아진다.

• 긍정적인 말하기

평소 부정적인 어휘나 문장을 많이 쓰면 낙관성이 낮아진다. 낙관성이 낮아지면 하는 일마다 실패를 걱정하게 되어 불안감이 늘고 성취도가 낮아진다. 아이가 쓰고 있는 말을 나열하고 부정적인 말들을 찾은 뒤, 그 말을 긍정적으로 고쳐보게 한다. 그리고 긍정적인 말을 할 때는 파란 스티커를, 부정적인 말을 할 때는 빨간 스티커를 붙여서 파랑이 빨강을 압도적으로 이길 때 아이에게 보상하자. 아이 정서에 가장 좋은 보상은 심리적인 보상으로, 아이를 꽉 한 번 안아주자.

• 성공 경험하기

불안감과 무력감으로 학업에 대한 의욕이 떨어질 때, 과거에 성공했던 이야기를 하게 만들어 자존감을 높이면 회복된다. 지나간 일에서 성공 경험을 찾을 수도 있지만, 현재 상황에서도 성공 경험을 만들 수 있다. 쉽게 도전할 수 있지만 성공하기는 어려운 일에 성공하면 아이가 스스로에 대한 자랑스러움을 되찾게 된다. 가족이 함께 등산에 가서 정상에 서보는 것도 큰 성공 경험이다. 성공 경험을 너무 거창하게 생각하지 말자. 이런 소소하고 작은 성공 경험을 하고 난 뒤에는 다시 공부할 힘과 자신감을 찾게 된다.

• 학습 전략 가르치기

수험생은 자기가 해야 할 공부를 다 못 이루었을 때 가장 우울해하고 불안해한다. 학생이 어떻게 공부하고 있는지, 외울 건 외우고 이해할 건 이해하는지, 계획은 세우는지, 독서는 하는지, 시험 대비를 잘하고 있는지 체계적으로 점검하는 것이 필요하다. 학습 전략을 배우게 하고 반복해서 익히면 공부를 좀 더 잘하게 되면서 아이의 불안감도 줄어들게 되고, 나아가 없어지게 된다.

2장

관리도 감독도 없는 집 안의 교실, 어떻게 스스로 공부할까?

자기 주도 학습은 확실한
'동기'에서 시작된다

동기가 없으면 공부하는 힘이 떨어진다. 아주 소수의 학생들은 공부가 의무라고 생각하고 의지를 불태워 공부에 매진하기도 한다. 그러나 아무래도 의지만으로 공부를 지속하기에는 에너지가 솟아오르지 않는다. '학생이 학교에 다니면서 배워야 하는 과목들은 다 충실히 배워야 하니까 열심히 공부해야지.'와 같은 대견한 생각을 하는 학생이라도 '서울대에 가서 더 깊이 공부해서 세상을 구해야지.'와 같은 마음을 가진 학생을 당하지 못한다. 후자는 '세상을 구한다.'라는 목표를 가지고 있고 그 목표를 달성하기 위해 '서울대 간다.'라는 수단을 선택하고 있다. 이 목표와 목표를 이루기 위한 경로 및 수단이 동기로 작동한다. '학교 공부를 전부 잘하기 위해 노력한다.'라는 의지도 동기가 될 수는 있지만, 동기는 의지보다 넓은 개념으로 볼 수 있다.

어떤 친구에게는 온난화로 황폐해져 가는 지구를 구한다는 목표가 동기일 수도 있다. 지진학을 공부하고 있는 K는 지진을 연구해서 우리나라가 지진의 위험에 빠졌을 때를 미리 대비하기 위해 지진학을 시작했는데, 최근 우리나라에 포항 지진을 비롯해서 크고 작은 지진이 많이 일어나 여러 사람에게 도움을 줄 수 있었다고 한다. 둘 다 무엇을 하겠다거나 무엇이 되고 싶다는 것이 뚜렷한 동기가 되는 경우이다. 물론 이런 거창한 것만 동기가 되는 것은 아니다. 이성 친구를 행복하게 만들겠다는 생각과 부모님께 효도하고 싶다는 마음 등도 좋은 동기로 작용한다.

일정한 자극으로 집중력을 높이는 '파블로프의 개' 공부법

파블로프의 개에게는 종소리가 동기이다. 개가 침을 흘리도록 일정한 자극을 주면 먹을 것이 없어도 침을 흘리게 되는 것처럼, 공부할 때 일정한 자극을 주면 그 자극만으로도 공부에 집중할 수 있다. 러시아의 생리학자 파블로프는 동기를 불러일으키지 않는 것을 동기를 불러일으키는 것과 함께 지속적으로 제시하면 동기를 불러일으키지 않는 대상이 동기를 불러일으킨다고 주장하였고, 그 실험이 유명한 '파블로프의 개' 실험이다. 〈공부가 머니?〉에 출연한 금나나 교수가 배우 이창훈 씨의 딸에게 추천한 '파블로프의 개 공부법'은 이와 같은 자극-반응을 공부에 적용한 것이다. 공부 직전에 음악을 들으며 마음을 편안하게 만들거나, 아로마 향이나 스트레스 볼 등으로 후각과 촉각의 감각을 활용하면 학습 효율을 높이고 학습 스트레스는 낮출 수 있다는 것이다. 이때 음악, 아로마 향, 스트레스 볼이 동기에 해당한다.

적절한 보상 또한 동기로 작용한다. 시험에서 좋은 성적을 내면 원하는 것을 사준다는 물질적 보상은 아이가 공부에 집중하는 데 도움이 된다. 그러나 보상이 지속되면 더 큰 보상이 있어야 아이를 움직일 수 있으므로 지속적인 보상은 부정적으로 작용할 수 있다. 그래서 보상을 할 때는 간헐적 보상을 염두에 두어야 한다. 보상을 받기도 하고 받지 못하기도 하면 언제나 보상을 기다리면서 공부를 한다. 부모는 간헐적 보상이 잘 작동하는지를 수시로 확인해야 한다. 선생님의 칭찬을 받을 때, 친구의 부러움을 사는 상황 등 모든 것이 동기가 된다. 단 동기 부여가 되어 공부를 열심히 했는데도 성적이 잘 나오지 않게 되면 동기가 감소할 수도 있다. 이럴 때는 아이의 용기를 북돋아 주는 한 마디를 건네야 한다.

자주 바뀌어도 꿈은 뚜렷한 공부 동기가 된다

D는 자기 지역의 구의원을 하고 구청장이 되는 것이 목표다. 그래서 대학에서는 행정학을 전공하며 고등학교 때부터 해 온 마을 봉사를 열심히 하고 있다. D의 경우처럼 무엇이 되겠다는 목표는 분명한 동기가 된다. 보통 아이들은 되고 싶은 것이 없고 꿈도 없다고 하는데, 정말 없는 경우보다는 말하지 않고 숨기는 경우가 더 많다. 무엇이 되고 싶은가를 물었을 때 답을 하지 않는 이유는 그 무엇이 평생 지니고 갈 가치가 있는 것인지 모르기 때문이다. "가수가 되고 싶어요, 게임을 잘하고 싶어요, 웹툰 작가가 되고 싶어요, 탤런트가 되고 싶어요." 등 다양한 꿈이 있지만, 이것을 당당하게 꿈이라고 내세우지 않는 이유는 될 가능성이 작기 때문이다.

이런 꿈을 말하면 많은 부모는 '그런 취미 거리 말고 네가 평생 먹고 살 수 있는 직업'을 꿈으로 가져야 한다고 말한다. 그러나 아이가 말하는 꿈에 대해 부정적으로 반응하면 아이는 더이상 꿈에 대해 말하지 않을 가능성이 크다. 비난받는 것이 두렵기 때문이다. 아이가 가장 좋아하는 것은 엄마와 아빠가 기뻐하는 모습인데, 그 반대 모습을 보게 되는 말은 절대 할 리가 없다. 나무라는 대신 '그러니?' 정도로 심드렁하게 반응했다면 아이는 다시 생각해 보려고 했을 것이다.

아이의 꿈은 그가 가진 세계 안에서 가장 잘할 수 있는 것, 매력적인 것을 최선을 다해 선택한 결과이므로 아이의 세계가 커질수록 꿈 또한 달라질 가능성이 있으니 아이를 조금 기다려주자. 꿈을 다그치기보다는 공부에 동기 부여가 되는 조언을 해 주는 것이 좋다.

어떤 직업이든 공부와 독서가 필요 없는 영역은 없다

2019년 12월에 교육부는 '2019 초·중등 진로교육 현황조사 결과 발표' 보도자료를 내면서 '희망직업 초등학생 1위 운동선수, 중·고등학생 1위 교사'라고 헤드라인을 뽑았는데, 사실 2015년에도 초등학생의 장래희망은 1위는 교사, 2위는 운동선수였다. 갑자기 운동선수가 1위로 나타난 것은 아니다. 이보다 눈에 띄는 변화는 초등학생 때 상위 희망직업이 중학생이 되면서 달라졌다는 것이다.

2015년에 초등학생들이 희망했던 요리사, 판·검사·변호사, 가수, 과학자, 제빵원 및 제과원, 아나운서·방송인 등의 직업이 2019년 중학생의 희망직업에 보이지 않는다. 2015년에 10.4%의 초등학생이 희망한 운동선수는 2019년에는 4.3%의 중학생의 희망직업으로 선택했다. 또한 2015년의 중학생 희망 직업의 대부분은 2019년의 고등학생 희망 직업으로 이어지는데, 생명·자연과학자 및 연구원, 항공기 승무원, 경영자/CEO 등의 직업이 10위 안에 들어온다. 이처럼 아이들의 꿈은 나이가 들며 바뀐다. 또한 엄마가 희망하는 직업에 다가가는 경향도 보인다. 그러니 어릴 때의 진로 직업 희망이 비현실적이거나 마음에 들지 않는다고 해도 걱정하거나 나무랄 일이 아니다.

한 딸바보 아빠에게 고민이 생겼다. 초등학교 4학년인 딸이 영화배우가 되고 싶다고 하더니 공부를 접을 생각인지 통 책은 펴지 않고 연기 연습만 한다는 것이다. 그래서 걱정이 이만저만이 아니라고 나에게 하소연했다. 이 문제의 해결책은 무엇일까? 바로 아이에게 꿈을 이루기 위해서 필요한 것이 공부이고 독서임을 알려주는 것이다. 아이가 공부하다 보면 영화배우가 될 수도 있고 다른 세계로 눈을 돌릴 수도 있다.

배우가 되려면 대본을 읽고 자신이 맡은 배역의 성격을 파악해야 한다. 글의 내용과 맥락을 잘 해석하는 능력이 있어야 대본에서 자신이 연기할 배역의 성격을 찾을 수 있다. 내 배역의 성격뿐 아니라 상대역의 성격도 잘 파악해야 좋은 연기를 할 수 있다. 또한 영화에는 로맨스 장르만 있는 것이 아니다. 〈인터스텔라〉나 〈마션〉 같은 과학 영화도 있다. 〈마션〉에서 보여주는 진법은 수학에 대한 배경 지식이 있어야 이해가 된다. 우리나라 사람들이 세계에서 가장 많이 봤다는 〈인셉션〉은 많은 사람들이 영화를 제대로 이해하지 못했다고 한다. 차원을 넘나드는 이야기이므로 스토리 파악이 쉽지 않은 탓이다.

이처럼 복잡한 스토리를 한눈에 파악하는 역량은 독서에서 생긴

구분	2009년				2015년				2019년			
	초등학생		중학생		초등학생		중학생		초등학생		중학생	
	직업명	비율	직업명	비율	직업명	비율	직업명	비율	직업명	비율	직업명	비율
1	교사	11.3	교사	18.1	교사	11.1	교사	14.7	운동선수	11.6	교사	10.9
2	의사	8.6	의사	6.2	운동선수	10.4	경찰	4.6	교사	6.9	의사	4.9
3	요리사	7.0	경찰	5.1	요리사	7.2	요리사	4.6	크리에이터	5.7	경찰관	4.9
4	과학자	6.2	공무원	4.5	의사	5.0	의사	3.5	의사	5.6	운동선수	4.3
5	가수	5.4	요리사	3.9	경찰	4.4	운동선수	3.2	요리사	4.1	뷰티디자이너	3.2
6	경찰	4.2	패션디자이너	2.8	판사·검사·변호사	3.7	정보시스템 및 보안전문가	2.5	프로게이머	4.0	요리사	2.9
7	야구선수	3.9	가수	2.2	가수	3.1	건축가·건축디자이너	2.3	경찰관	3.7	군인	2.6
8	패션디자이너	3.8	유치원교사	2.2	과학자	2.8	공무원	2.2	법률전문가	3.5	공무원	2.5
9	축구선수	3.3	변호사	1.9	제빵원 및 제과원	2.6	간호사	2.1	가수	3.2	컴퓨터공학자 소프트웨어 개발자	2.5
10	연예인	2.5	CEO	1.9	아나운서·방송인	2.4	군인	2.1	뷰티디자이너	2.9	간호사	2.2

❖ 표에 쓰인 비율 단위는 %이다.

다. 그리고 〈기생충〉처럼 아카데미상을 받게 되면 영어로 인터뷰하게 된다. 외국인과 영어로 대화하는 배역을 받을 수도 있다. 이런 것을 골고루 다 잘해야 수명이 긴 영화배우가 된다.

공부에 관심이 없는 자녀에게 이런 말을 해주어 동기 부여를 해보자. 어떤 직업이든 공부가 필요하지 않은 영역은 없다. 공부하며 준비하면 영화배우도 될 수 있고 영화배우가 취미인 다른 어떤 직업인이 될 수도 있다고 조언하면 아이가 공부하려는 마음을 갖게 되지 않을까? 부모가 직접 아이에게 공부해야 하는 이유를 들려주어도 좋겠지만, 아이가 좋아하는 사람을 통하여 들려주면 거부감 없이 들을 수 있다. 그 사람이 바로 멘토다. 아이가 공부는 재미없지만 꿈을 이루기 위해 필요한 과정이라는 것을 알면 도전하게 될 것이고 공부하다 보면 스스로 내적 보상을 받는 단계에 도달하게 된다.

효율적이고 실현 가능한
공부 계획을 세우는 방법

주말 아침이다. 좀 느긋하게 일어나서 늦은 아침을 먹으려고 한다. 아이도 일어났다. 밥상 앞에 앉은 아이에게 오늘 일과를 묻자, 아이는 "공부할 거야."라는 짤막한 대답만 한다. 어른이라고 다를까? 아이 아빠에게 산책을 갈 건지, 간다면 몇 시에 갈 건지를 물어보면 '아직 생각해 보지 않았는데'라거나 아침부터 귀찮게 한다는 불평이 돌아오기 십상이다. 오늘 당장 할 일이라도 시간 계획을 세워 잘 배분하고 아껴 쓰는 습관이 누구에게나 있는 것은 아니다.

'성공한 사람들은 아침에 일어나면 하루를 계획한다.'라는 격언이 있다. 이런 격언이 진짜 그럴듯하게 들리는 이유는 계획을 세우지 않는 사람들이 매우 많기 때문이다. 우리 아이가 계획 없이 산다고 해서 낙담하지 말자. 계획을 세우지 않는 아이가 지극히 평균적인 학생에 해당한다. 그러나 공부를 하기 위해서는 계획이 필요하다. 특히 공부를 '잘'하고 싶다면 계획은 필수적이다. 무엇을 언제 어떻게 해야 하는지를 정해두지 않으면 좋아하는 과목만 하는 데까지 무작정 오래 하거나, 하다가 말게 되는 일이 흔하다.

계획 세우기가 잘 안 되는 데는 뚜렷한 이유가 있다. 앞서 이야기한 기억하기, 노트 필기하기 등을 성실히 수행하는 것은 눈앞에 주어진 공부를 충실히 해서 공부 역량을 높이는 전략이다. 반면에 공부 계획을 세우는 일은 당장 암기하고 이해하는 게 아니라, 암기하고 이해할 계획을 세운다는 점에서 좀 더 고급 학습 전략이다. 이런 계획을 세우려면 자신의 능력과 일어날 일에 대한 예측과 해결에 걸리는 시간 등을 종합적으로 판단해야 한다. 그러므로 종합적인 판단 능력이 부족하면 계획이 잘 세워지지 않는 것이다.

방학이 되면 가장 먼저 해야 하는 일이 계획표 만들기인 것처럼, 코로나 시대의 공부법에서 먼저 해야 할 일 역시 하루, 일주일, 한 달, 한 학기 계획표를 만드는 일이다. 계획표를 만들어 계획대로 생활해야 한다. 시도해 보면 알겠지만 계획표 만들기가 생각보다 쉽지 않다. 어떻게 하면 효율적으로, 실현 가능한 계획을 세울 수 있을까?

자기 주도 학습 습관 점검하기

먼저 현재 아이의 학습 습관을 점검해 보고 부족한 점을 찾아 보완하는 일이 선행되어야 한다. 이 체크리스트는 간단한 내용이지만 보완할 방안을 마련하는 사이에 계획표를 만들어 공부해야겠다는 생각이 들 수도 있다.

구분	현재 상태	보완 계획
자기 분석 및 목표 설정	현재 부족한 과목을 알고 있다.	
	매일 일정한 학습 시간을 정했다.	
	목표를 세우고 학습한다.	
계획 수립 및 실행	학습 계획을 세운다.	
	계획에 따라 학습한다.	
	학습 중 모르는 부분을 해결한다.	
평가 및 검토	학습한 내용을 대부분 기억한다.	
	학습한 내용에 대해 설명할 수 있다.	
	계획을 달성했는지 평가·검토한다.	

지난 학기 생활 계획표를 만들고 문제점 파악하기

앞으로 해야 할 공부를 잘 해내기 위한 생활계획표를 만들기가 어려우면, 연습용으로 지난 학기 생활을 계획표로 만들어 보자. 일단 달력을 하나 그린다. 지난 학기에 시험, 학교 행사 등이 있었던 날을 적는다. 반복되었던 일상도 적어 본다.

지난 학기의 생활

일	월	화	수	목	금	토
		9/1 개학식	2 ◆수학과외2	3	4	5 ◆국어학원3
6 빼진 거 채우기	7	8	9	10 ◆인문학 특강	11	12 ◆국어학원3
13 빼진 거 채우기	14	15 ◆독서토론	16 ◆학력평가 ◆과외2	17	18	19 ◆국어학원3
20 빼진 거 채우기	21	22	23 ◆과외2	24	25	26 ◆국어학원3
27 빼진 거 채우기	28 ◆중간대비1	29 ◆중간대비1	30 ◆중간대비1	10/1 ◆중간대비1 ◆연휴	2 ◆중간대비1 ◆연휴	3 ◆중간대비1 ◆국어학원3
4 ◆중간대비1	5 ◆중간대비2	6 ◆중간대비2	7 ◆중간대비2	8 ◆중간대비2	9 ◆중간대비3 ◆한글날	10 ◆중간대비3 ◆국어학원3

82

일	월	화	수	목	금	토
11 ◆중간대비3	12 ◆중간대비4	13 ◆중간대비4	14 ◆중간대비5	15 중간고사(1) ◆중간대비5	16 중간고사(2) ◆중간대비5	17 ◆중간대비5
18 ◆중간대비5	19 중간고사(3) ◆중간대비5	20 중간고사(4) ◆중간대비5	21 중간고사(5)	22	23	24 ◆국어학원3
25 ◆수행 평가준비	26 ◆수행 평가준비2	27 ◆수행 평가준비2	28 ◆과외2	29 ◆사탐경시대회	30	31 ◆국어학원3
11/1 ◆수행 평가준비	2	3 ◆독서토론 ◆수행 평가준비2	4 ◆과외2	5	6	7 ◆국어학원3
8 빠진 거 채우기	9	10	11 ◆과외2	12	13	14 ◆국어학원3
15 빠진 거 채우기	16	17	18 학력평가	19	20	21 ◆국어학원3

일	월	화	수	목	금	토
22 빠진 거 채우기	23 ◆ 기말대비1	24 ◆ 기말대비1	25 ◆ 기말대비1	26 ◆ 기말대비1	27 ◆ 기말대비1	28 ◆ 국어학원3
29 ◆ 기말대비1	30 ◆ 기말대비2	12/1 ◆ 기말대비2	2 ◆ 기말대비2	3 ◆ 기말대비2	4 ◆ 기말대비2	5 ◆ 국어학원3
6 ◆ 기말대비2	7 ◆ 기말대비3	8 ◆ 기말대비3	9 ◆ 기말대비3	10 ◆ 기말대비3	11 ◆ 기말대비4	12 ◆ 국어학원3
13 ◆ 기말대비5	14 ◆ 기말대비5	15 ◆ 기말대비5	16 ◆ 기말고사(1)	17 ◆ 기말고사(2)	18 ◆ 기말고사(3)	19 ◆ 기말대비5
20 ◆ 기말대비5	21 기말고사(4)	22 기말고사(5)	23	24	25 성탄절	26 ◆ 국어학원3

84

다음 학기 계획표 짤 때는 시간과 분량을 함께 고려하자

이제 다음 학기 계획을 세워보자. 시험 일정이나 행사 일정 및 외부 활동이 있는 날들을 체크해야 한다. 학교 행사 계획과 창의적 체험 활동 계획을 학교 홈페이지에서 확인해서 자리를 잡아 두자. 시험 공부는 배운 내용을 몇 번 반복해야 할지 지난 학기의 경험을 살려 정해 둔다. 또한 한 학기를 보내고 아쉬웠던 점을 반영해서 다음 학기 계획에 반영하면 조금 더 발전할 수 있다. 이제 지난달 생활을 바탕으로 계획표를 하나 만들어 보자.

일	월	화	수	목	금	토
		9/1 개학식 ◆ 독1 ◆ 영2 ◆ 수3	2 ◆ 독1 ◆ 영2 ◆ 과외2	3 ◆ 자율 동아리2 ◆ 영2 ◆ 수3	4 ◆ 수5	5 ◆ 국어숙제3 ◆ 국어학원3 ◆ 영2
6 빠진 거 채우기	7 ◆ 독1 ◆ 영2 ◆ 수3	8 ◆ 독1 ◆ 영2 ◆ 수3	9 ◆ 독1 ◆ 영2 ◆ 과외2	10 ◆ 인문학 특강 ◆ 자율 동아리2 ◆ 영2 ◆ 수3	11 ◆ 수5	12 ◆ 국어숙제3 ◆ 국어학원3 ◆ 영2
13 빠진 거 채우기	14 ◆ 독1 ◆ 영2 ◆ 수3	15 ◆ 독서토론 ◆ 영2 ◆ 수3	16 ◆ 학력평가 ◆ 독1 ◆ 영2 ◆ 과외2	17 ◆ 자율 동아리2 ◆ 수3	18 ◆ 수5 ◆ 영2	19 ◆ 국어숙제3 ◆ 국어학원3 ◆ 영2

20 빠진 거 채우기	21 ◆ 독1 ◆ 영2 ◆ 수3	22 ◆ 독1 ◆ 영2 ◆ 수3	23 ◆ 독1 ◆ 영2 ◆ 과외2	24 ◆ 자율 동아리2 ◆ 영2 ◆ 수3	25 ◆ 수5	26 ◆ 국어숙제3 ◆ 국어학원3 ◆ 영2
27 빠진 거 채우기	28 ◆ 중간대비1	29 ◆ 중간대비1	30 ◆ 중간대비1	10/1 ◆ 중간대비1 ◆ 연휴	2 ◆ 중간대비1 ◆ 연휴	3 ◆ 중간대비1 ◆ 국어학원3

범례: 독(독서), 영(영어), 수(수학)

　　한 달의 생활 계획은 학기 계획보다는 상세하게 만들 수 있다. 월간 계획은 이 정도로도 잘 활용할 수 있다. 공부 계획은 시간 단위보다는 분량 단위로 세워야 하지만, 분량을 과도하게 잡으면 계획된 양을 해낼 수 없으므로 적절하게 분배하는 것이 중요하다. 시간과 분량을 함께 고려하는 방식을 사용하면 적절한 양을 찾을 수 있다.

　　이를 염두에 두고 해야 할 과목과 시간을 함께 적어보자. 위 계획표를 보면 학기 중 평일에 5~6시간을 혼자 공부하는 시간으로 확보한다고 했는데, 실천하기가 쉽지는 않을 것이다. 오후 7시에 책상에 앉는다고 치면 꼬박 자정까지는 공부해야 하므로, 중간에 무슨 일이 생기면 시간을 채우지 못하게 된다. 그러면 잠을 조금 줄여서라도 최대한 완수하는 것을 원칙으로 해야 한다. 주말에 빠진 것을 채우는 시간은 주중에 피치 못할 일이 생겨 공부하지 못한 부분을 채우는 날로 마련한 것이다. 그러나 특별한 일이 없는 평일에 해야 할 분량도 그날 해결하지 못하고 주말로 미루면 학교 수업과 개인 공부의 관련성이 떨어질 수 있다.

기억해야 할 것은 시간을 아끼고 중간중간 자투리 시간도 이용하면서 휴식 시간을 만들어야 한다는 것이다. 일과 중간에 시간을 정해두고 쉬어야 주말에도 공부할 힘이 남는다. 시간을 아껴서 할 일을 미리 완수했다면 그 뒤에는 좀 놀아야 한다. 놀 때는 최대한 신나게 놀아야 한다. 그런데 중독성 있는 놀이는 다시 공부할 마음을 먹는 데 방해되므로 가급적 주중 공부를 할 때는 게임은 하지 않는 것이 좋다. 게임을 하루라도 하지 않으면 손가락에 가시가 돋친다면 끝낼 수밖에 없는 시간 안에 잠깐 하는 것도 방법이다. 예를 들어 점심시간이 끝나기 20분 전으로 정해두면 점심시간 마치고는 다시 자리로 돌아가서 오후 수업에 참여해야 하므로 게임을 끝낼 수밖에 없다.

작은 성공 경험으로 공부 습관 장착! 한 주, 하루 계획 세우기

한 학기, 한 달의 계획을 세우는 연습을 했으면 이제는 한 주, 하루 계획을 세우는 연습을 해야 한다. 일단 계획표를 짜는 연습부터 해 보자. 지난주에 수행한 일을 계획표로 만들어 보자. 아이에게 지난 한 주에 나는 무엇을 했는지 떠올려 적도록 지도하면 된다. 한 주는 일요일부터 시작하지만, 계획표는 월요일부터 시작하는 것이 편리하다. 주말 공부 계획을 이틀 연결해서 세울 수 있기 때문이다.

월	수학(2) 개념원리 34~40p 영어(1.5) 단어 외우기, 독해 165~170p 화학(1) 교과서 진도와 문제집 독서(1) 정의란 무엇인가 4장
화	수학(2) 교과서 복습, 학습 활동, 과제 영어(1.5) 단어 외우기, 교과서 읽기, 예습 국어(1) 과제, 예습 독서(1) 정의란 무엇인가 4장 마무리, 감상 쓰기
수	자율동아리 준비(1), 발표 준비 수학(1) 개념원리 40~45p 영어(1) 독해 170~175p 독서(1) 정의란 무엇인가 5장 국어(1) 과제, 예습
목	자율동아리 정리(1), 발표 결과 및 질문들 수학(1) 개념원리 45~50p 영어(1.5) 독해 175~180p 독서(1) 정의란 무엇인가 5장, 감상 쓰기 물리학(1) 복습, 예습, 문제
금	수학(2) 교과서 학습 활동, 예습 영어(1.5) 교과서 읽기, 예습 독서(1) 정의란 무엇인가 6장 물리학(1) 복습, 예습, 문제
토	오전(09:00 - 12:00) 지난 복습 점심 후식(12:00 - 14:00) 점심 먹고 놀기 오후(14:00 - 18:00) 영어: 지난주 단어 암기 수학: 틀린 문제 풀기 야간(19:30 - 24:00) 독서(2) 정의란 무엇인가 7장 과학 복습, 문제풀이 국어 복습, 문법 다시 보기 동아리 활동 준비
일	오전(09:00 - 12:00) 운동 점심 후식(12:00 - 14;00) 점심/독서 정의란 무엇인가 8장 오후(14:00 - 18:00) 영어: 문법, 단어 수학: 다음 일주일 예습 야간(19:30 - 24:00) 탐구: 복습/예습, 문제 풀기

지난 일주일 생활을 바탕으로 공부 계획을 이렇게 만들었다면 다가오는 주의 생활 계획을 만드는 일은 어렵지 않을 것이다. 아이가 어리다면 부모가 계획이 적절한지를 옆에서 코치해 주어야 한다. 그 이유는 계획은 이룰 수 있을 만큼만 세워야 하기 때문이다. 그래야 성공 경험을 할 수 있고, 성공 경험을 통해서 자존감을 높일 수 있다. 자존감이 높아지면 스스로 하고 싶은 마음이 생겨 도전하게 되고 그 결과 공부 습관이 붙는다. 아이가 적절한 계획을 세울 수 있도록 가이드라인을 제시하자.

스마트한 공부 계획표는 목표가 구체적이다

· 계획표에는 여유 시간을 두자

주중 계획에는 여분의 시간을 두어야 한다. 갑자기 공부를 계획대로 하지 못할 사정이 생겼다면 계획을 달성하기 위한 시간을 여분으로 남겨두어야 이후 계획도 밀리지 않는다. 누구나 갑작스러운 일이 생기므로 여분 시간을 두는 것은 낭비가 아니라 비상시를 대비하는 일이다.

· 공부하려는 의지가 중요하다

계획을 실천하려는 목적의식이 강하면 갑작스러운 일이 생겼을 때 일을 마치고 공부로 돌아오는 시간이 빨라진다. 예를 들면, 동아리 활동 중에 설문 조사가 필요해 집으로 돌아오는 길에 거리에서 2시간을 보내게 되는 상황이 닥쳤다고 가정해 보자. 다른 친구들은 설문을 하러 갈 때 나만 공부하겠다고 집으로 돌아온다면 인성이 좋다고 할 수 없다. 만사 공부를 제치고 설문 조사에 참여하는 학생이 되어야 한다. 다만 설문을 마치고 난 뒤에 친구들과 놀러 가면 공부 계획을 실천할 뜻이 부족하고 공부를 잘하는 학생은 아니다. 반면 마치는 대로 바로 집으로 돌아와 책상에 앉는 학생은 공부할 의지가 충만한 학생이다. 계획대로 공부를 마무리하려는 마음이 강하면 친구보다 공부를 앞세우게 된다.

· 스마트한 계획표의 요건

계획도 스마트하게 세우는 방법이 있다. 간혹 교과서에서도 소개하는 기법이다. 표를 보면 SMART의 뜻이 보인다. 이 방식에서 계획표의 요건을 볼 수 있다.

S	specific	목표를 가장 구체적으로 정함
M	measurable	목표를 수치로 정함
A	achievable	목표는 행동으로 제시해야 함
R	realistic	목표는 실현 가능해야 함
T	timely	목표를 달성하는 기간을 정해야 함

예

S	줄넘기 두 번 넘기를 100개 할 수 있는 실력을 기른다.
M	줄넘기 시험에서 100점을 맞는다.
A	하루에 3개씩 늘려간다.
R	지금 40개를 할 수 있다. 60개를 더하려면 20일이 걸릴 것 같은데, 여유를 두면 25일이면 가능하다.
T	실기 시험 한 주 전인 10월 25일까지 달성한다.

입시는 독서가
좌우한다

'공부는 책을 읽는 데서 시작하는데, 공부하느라 책 읽을 여유가 없다고 하는 것은 어떤 뜻인가?' 이런 의문이 담긴 질문을 남긴 곳은 서울대학교 웹진 '아로리'다. 아로리는 서울대 지원자들이 자기소개서를 통하여 제출한 책을 분석하면서 독서의 중요성을 밝혔다. 그런 가운데 학생들이 공부 때문에 독서를 못한다는 핑계를 대는 것을 비판하는 말을 남긴 것이다. 공부와 독서는 동격이다. 웹진에서뿐만 아니라 서울대학교는 '2015 개정 교육 과정 가이드북'에도 독서의 중요성을 강조했다.

"대학 공부에 제일 중요한 것은 정확한 읽기 능력입니다. 학습 교재, 소설, 교양서, 신문 등 어떤 종류의 글이든 많이 읽고 내용을 정리해 보시길 바랍니다.

읽기 연습을 어떻게 해야 할지 모르겠다면 제일 좋은 것은 많이 읽는 것입니다. 다양한 길이, 다양한 형식의 글을 일단 많이 읽다 보면 어떻게 읽어야 할지 감을 잡을 수 있을 것입니다.

상대적으로 시간적 여유가 있는 고등학교 1, 2학년 때 가능한 많은 종류의 글을 접해 보는 것을 추천합니다. 필수적인 것은 아니지만 영어로 된 긴 글을 읽는 연습을 해보는 것도 좋은 경험이 될 것입니다. 책, 인터넷 등으로 수업에 필요한 자료 조사를 할 때도 한국어뿐 아니라 영어 자료를 찾아보는 것도 추천합니다. 영어 읽기 연습에 도움이 될 뿐 아니라, 현존하는 방대한 영어 자료의 양을 직접 확인하면 영어 공부를 위한 큰 동기 부여가 될 것입니다."

이런 딱딱한 이야기가 아니라도 독서의 중요성은 어디서나 만날 수 있다. 〈공부가 머니?〉 40회 방송에 패널로 나온 김나니 소리꾼도 비슷한 이야기를 남겼다. 김나니 소리꾼이 청학동 김봉곤 훈장님의 셋째 딸에게 독서가 필요하다고 조언하며 김봉곤 훈장님께 이렇게 말했다.

"예술을 하다 보면 세계로 진출도 하거든요. 자기 공연을 영어로 설명할 수 있으면 멋지겠죠. 판소리는 서사문학이라 서사를 잘 이해하려면 국어 공부를 해야 해요. 요즘은 창작 판소리도 많이 하는데, 판소리 만들려면 독서도 많이 해야 합니다. 전통 판소리는 과거의 이야기이므로 그 시대를 이해해야 더 잘 표현할 수 있어요. 그래서 소리뿐 아니라 공부도 해야 하죠."

어떤 분야든 독서가 필수라는 방증이다. 어떻게 하면 독서력을 향상시킬 수 있을까?

능동적 독서와 구조적 독서

책을 읽을 때는 능동적 독서와 구조적 독서를 할 수 있게끔 아이를 지도해야 한다.

먼저, 독서는 능동적으로 해야 한다. 글쓴이의 생각에 끊임없이 의문을 가지고 읽어야 한다는 뜻이다. '왜?'를 바탕으로 글을 읽으면 책 속의 말이 내 생각과 엮여서 더 깊은 생각을 만들어 낸다. 특히 고등학교 시기의 독서는 취미라기보다는 더 크고 넓은 지식의 세계를 탐색하는 행위다. 그래서 더욱 글쓴이와 대화를 해야 할 필요가 있다.

또한, 글의 내용을 구조화하면서 읽어야 한다. 책을 잡으면 우선 목차와 작가의 말을 보고 책의 의도와 집필 순서를 파악하고 나서 읽는 동안 내가 어느 위치에 다다랐는지, 이 내용은 전체 중 어떤 부분에 해당하는지를 돌아보면서 읽는 것이다. 이런 독서는 단번에 이루어지지 않는다. 차근차근 독서 경험이 쌓이면 어느 순간 능동적이고 구조적으로 책을 읽는 아이가 된다.

입시와 관련된 독서 이야기를 하자면, 수능의 독해와 학종의 독해는 다소 다른 면이 있다. 수능은 에이포 용지 1장 길이의 글을 읽고 답을 고르는 능력까지만 기르면 된다. 수능 국어 지문의 양이 그 정도기 때문이다. 반면에 학종은 좀 더 두꺼운 책을 읽고 비판적으로 판단하고 핵심 질문을 던질 수 있는 능력을 길러야 한다. 서울대에 지원한 학생 중 다수가 읽었다고 밝힌 《이기적 유전자》는 사실 지난 10년간 늘 상위에 자리하고 있는 책이다. 이 책의 두께가 600쪽 정도로, 에이포 용지 200장 분량이다. 수능 지문 길이의 200배는 되는 책을 통독하면서 작가의 문제의식과 주장을 파악해서 발표할 수 있으며, 책의 장점과 단점을 알아내고, 핵심 질문을 두세 개 만들 수 있는 정도가 학종식 독해다.

'따져 읽기'를 도와주는 독후감 쓰기의 중요성

이 수준까지 도달하기 위해서는 어린이 시절부터 책과 친해져야 한다. 아이는 그림책을 읽다가, 학습 만화를 보다, 얇은 책을 여러 권 읽으면서 성취감을 맛보고, 쉬운 책에서 어려운 책으로 이동하면서 사고력을 기른다. 마침내 어렵고 두꺼운 책을 읽어내는 뿌듯함, 첫 장부터 마지막 장까지 통독한 기쁨을 누린다면 최고 독자가 되었다는 증거다.

또한 어떤 종류의 글이든 닥치는 대로 읽어야 한다. 그리고 책을 읽었으면 내용을 요약하고 생각을 메모해야 한다. 독서록을 기록해야 한다는 뜻인데, 이렇게 써둔 글을 나중에 다시 읽으면 자기 성장의 면모를 돌아볼 수 있다. 과거에 내가 생각한 것들이 다시 살아나 장기 기억으로 옮겨져 담길 것이다.

이 정도 수준의 깊은 독서를 위해서는 아이가 독후감을 쓰는 습관이 들어야 한다. 독후감을 써야 자신이 읽은 책의 내용을 정리하고 비평적 접근을 할 수 있다. 초등학교 저학년은 사실과 의견을 구분하는 단계에 이르지 못했으므로 아주 짧게 읽은 소감을 쓰면 된다. Y 초등학교에서는 전 학년이 독서를 하고 독서 활동 사이트에 접속해서 자신이 읽은 책의 소감을 한 줄로 남기는 활동을 통해 아이들이 책과 친해지는 동기를 부여하려고 한다. 과연 한 줄이면 족할까? 의문이 들 수 있다. 많은 학생이 한 줄 쓰는 것도 어려워하니 한 줄이라도 쓰라는 최소 요구를 한 것이고, 공부를 좀 하고 독서를 잘하는 학생이라면 그보다는 긴 글을 쓰는 것이 바람직하다.

독후감을 쓸 때 적절한 길이는 얼마나 될까? 자기 학년에 2를 곱한 값만큼 쓰면 된다. 1학년은 2줄, 3학년은 6줄, 중학교 2학년은 8학년이므로 16줄을 쓰는 것이다. 16줄 정도 길이라면 사실과 의견을 구분해야 한다. 줄거리, 내용 요약 부분이 절반, 소감이나 평가가 절반 정도 되게 쓰면 분량이 찬다. 소감이나 평가를 쓰려면 따져 읽기를 해야 한다. '왜?' 나 '어떻게?'를 뇌에서 불러내어 읽는 것이다.

> "몇 해 전의 일이다. 내 주머니는 털어도 먼지만 풀썩이고 신나는 일이란 아무것도 없었다. 그래서 나는 잠시 배를 타고 세계의 바다를 두루 돌아보고 와야겠다고 생각했다. 이것은 내게서 우울증을 몰아내고 활기를 되찾는 방법이기도 하다."

허먼 멜빌의 《백경》을 청소년용으로 낸 책의 구절이다. 여기에 왜를 붙여보자.

- 왜 신나는 일이 없었을까?
- 왜 신나는 일이 없다고 배를 탔을까?
- 왜 배를 타고 나가면 우울증이 몰아내지나?
- 왜 말하는 이는 우울증에 걸렸을까?

이런 질문을 하면서 읽는 동안 책의 내용에 더 깊이 접근하게 된다.

'책 읽는 모습'을 보여 주면 독서 습관은 저절로 따라온다

아이가 온라인 수업을 한다고 집에서 공부하는데, 이때 책 읽는 습관을 들이게 만들려면 어떻게 해야 하는지 궁금해하시는 부모님이 있다. 그 질문에 대한 답은 '아이와 함께 책을 읽는다, 또는 부모가 책 읽는 모습을 아이에게 보여 준다.'로 귀결된다. 엄마와 아빠는 텔레비전이나 유튜브를 보고 있으면서 아이에게는 책을 읽으라고 하면 아이는 당연히 책을 읽지 않는다. 부모가 롤모델이 되어야 아이가 따라한다.

아이가 초등학교 저학년이라면, 아이에게 책을 읽어 주다 보면 저절로 함께 책을 읽는 셈이 된다. 초등학교 3학년도 책을 읽어 줘야 하느냐고 의문을 가지는 엄마도 있지만, 그 나이에 맞는 책을 읽어 주다 보면 아이에게 경청하는 습관이 생긴다. 이 무렵, 학교에서도 듣고 요약하기에 대하여 훈련하므로 좋은 시너지 효과를 볼 수 있다.

초등학교 고학년이 되면 보다 다양한 장르의 많은 책을 접하게 하자. 아이와 동일한 책을 읽고 독서 토론을 할 수도 있지만, 엄마는 엄마대로 아빠는 아빠대로 관심 분야의 책을 읽어도 좋다. 책을 사서 읽으면 좋고 도서관에서 대출해서 읽어도 좋다. 가족들이 함께 단행본을 들고 읽는 모습을 아이에게 지속적으로 노출하면 아이도 책 읽는 분위기를 즐기게 된다.

아이와 같이 책을 읽고 할 수 있는 활동들은 각 학년의 국어 교과서 첫 장에 나열되어 있다. 교과서에서 제시하는 활동을 따라서 하고 학습 활동도 부모가 같이 해 주면 아이의 공부에 도움이 된다. 예를 들면 4학년 1학기 국어(가) 교과서에는 '읽을 책 정하기' 단계에서 책 고르는 방법 알아보기를 한다. '국어사전을 활용하며 책 읽기'에서는 사전을 찾아야 할 필요성을 말하고, 독서 후 활동으로는 책 내용 간추리기, 생각그물 그리기, 등장인물에 대해 평가하기, 등장인물 소개하기 등 다양한 활동을 예시로 보여 주고 있다. 가정에서도 이런 활동을 하면 좋다. 마지막으로는 '독서 활동 돌아보기' 단계로 '나에게 맞는 책을 정했는지, 모르는 낱말은 사전을 찾아보았는지, 책을 읽고 생각이나 느낌을 잘 말했는지, 정한 책을 꼼꼼히 읽었는지' 등을 평가하는 활동을 한다. 이어서 '더 찾아 읽기'가 나오고 '독서 습관 기르기'로 이어진다. '독서 습관 기르기'에서는 '여러 종류의 책을 읽는지, 친구들과 서로 책을 바꾸어 읽는지, 어떤 문제를 탐구하거나 해결하려면 책부터 읽는지, 머릿속으로 다음에 이어질 부분을 상상하며 읽는지' 등을 평가해 보라고 한다.

이와 같이 국어 교과서를 잘 따라가면 그 학년에 맞는 독서 활동을 집에서도 충분히 할 수 있다. 아이의 학습에 관심이 있는 부모라면, 아이가 공부하는 교과서를 잘 살펴 집에서도 학교 활동과 연계해서 공부할 수 있게 유도하는 것이 도움이 된다.

수능 논·서술형을 대비하려면 닥치는 대로 읽고 쓰자

2028학년도 대입 수능에 논·서술형이 도입될 것이라는 소식이 들리기 시작한다. 이에 초등학교 때부터 대비해야 하지 않겠냐고 고민하는 부모님이 많을 것이다. 대비해야 하는 것은 분명한 사실이다. 왜냐하면 글은 절대 갑자기 잘, 수월하게 읽히지 않는다. 글도 어느 날 갑자기 잘 쓸 수 없다. 매일 백지를 1장씩 쌓아가다 보면, 바닥에서 천장까지 닿을 만큼 종이가 쌓이듯 지루하게 연습하는 사이에 읽기와 쓰기의 대가가 된다. 다만 초등학생이라면 아직 어린 나이이므로 국어 교과서에 설명된 방법을 충실히 따라가면 읽기와 쓰기를 잘할 수 있다. 어떤 책을 사서 읽기와 쓰기 방법을 찾아봐도 뾰족한 답은 없다. 모든 답은 이곳으로 향한다.

"삼다多가 중요하다. 다독多讀, 다작多作, 다상량多商量."

이 말을 다시 쉽게 풀면, 이렇다.

닥치는 대로 읽는다.
그리고
많이 쓴다.

팁을 드리자면, 논·서술형 시험은 대체로 3가지 유의사항을 지커 대비하면 된다.

첫째, 글을 잘 읽을 수 있는 능력을 길러야 한다. 글을 잘 읽으려면 배경 지식이 있어야 하므로 학교에서 공부하는 모든 과목을 소홀히 하지 않아야 한다. 저학년 때 수학과 영어에 집중해 기반을 잘 잡아 두면 다른 과목은 시간이 지나면 저절로 잘하게 된다는 말은 우려가 되는 소리다. 모든 과목에서 새로 나오는 어휘와 개념을 잘 배워서 지식의 깊이와 넓이를 더해가야 하므로, 어떤 과목이든지 소홀히 하지 않아야 한다.

둘째, 시험 문제를 잘 읽어야 한다. 시험 문제는 보통 일정한 조건을 주고 그 조건에 맞는 답을 쓰라고 하는데, 학생들은 문제를 대강 읽고 답을 쓰는 일이 허다하다. 예를 들면, "A는 사람이 선하게 태어난다고 주장하고, B는 악하게 태어나지만 교육으로 선하게 될 수 있다고 주장한다. A의 입장에서 B의 주장을 평가하라."라는 문제가 있으면 자신이 어떤 입장이든 상관없이 A의 입장에서 B의 주장을 평가하는 글을 써야 한다. 그런데 문제를 잘 읽지 않으면 A의 입장에서 쓰지 않고 자기 생각을 쓰는 오류를 범하게 된다.

셋째, 조건에 맞는 글을 쓰는 방법을 연습해야 한다. 100자 내외로 답을 써야 한다면, 일단 자기 주장을 두괄식으로 쓰고 그에 맞는 논거를 제시하는 방식으로 쓴다. 두괄식으로 쓰는 방법은 계속 연습하면 실력이 쉽게 는다. 우리 말은 원래 중요한 말이 뒤에 나오는 구조라서 단락에서도 중요한 말은 뒤에 하는 경향이 있다. 그런데 시험 문제의 답은 '주장과 논거' 구조로 이루어져 있으므로 우선 자신의 주장을 말하고 주장을 뒷받침할 논거를 대는 것으로 마무리해야 한다. 아이가 "나는 ~~~ 생각한다. 왜냐하면 ~~~ 때문이다."의 구조를 몸에 익힐 수 있도록 꾸준히 쓰게 하자.

이것만 지키면 우리 아이도 독서왕!

· 아이가 직접 책을 골라야 한다

그런데 아이가 책을 잘 고르지 못할 수도 있다. 수준에 맞지 않는 책만 골라올 수도 있다. 그럴 때 엄마가 다그치지 않고 기다려주면 아이가 선택의 실패를 반성하고 제대로 고를 날이 돌아온다. 책을 골라 읽으면 독서 능력뿐 아니라 선택 역량을 기르는 효과도 있다. 책을 고르기 위해서 아이와 함께 서점에서 서가를 기웃거리고 책을 관찰하는 놀이를 자주 하면 아이의 안목이 높아진다. 엄마가 서점에서 책 사는데 돈을 아끼지 않는 모습을 보여주면 아이도 책 사는 데 인색하지 않은 사람이 된다.

· 아이가 책을 장난감처럼 느끼게 하자

아이가 장난감을 사달래서 큰맘 먹고 비싼 장난감을 사줬더니 한 번 가지고 놀고는 한편에 던져두고 눈길도 주지 않는다면 좀 속상하지 않을까? 오래 좀 가지고 놀았으면 좋겠다는 마음이 들 거다. 이와 반대로 아이가 같은 책만 읽으면 어쩐지 속이 상한다. 여기서 다시 생각해야 할 것은 아이에게 책이 장난감과 같은 역할을 한다는 사실이다. 책 안의 그림이 자꾸 봐도 좋고 이야기를 만들어 가면서 노는 것도 즐겁다. 아이가 같은 책을 자꾸 보는 것은 당연한 일이다. 그러나 초등학교 고학년이 되었는데도 같은 책에서 벗어나지 못하면 조언과 지도가 필요하다. 학년이 올라갈수록 더 어려운 내용, 더 두꺼운 책, 더 긴 이야기에 도전해야 한다. 4학년이 되면 교과서 글도 길어지고 그림도 점점 없어지는데, 이후에는 도전의 여정이 기다리고 있다.

• 닥치는 대로 읽는 것도 의미가 있다

닥치는 대로 읽는 것도 의미가 있다. 많이 읽다가 마음에 드는 책을 잡으면 정독할 것이다. 중학생 때만 해도 시간이 많으므로 많은 책을 읽을 수 있다. 그리고 기억력이 아직은 왕성할 때라서 책을 많이 읽어도 내용의 대부분을 기억할 수 있다. 읽은 내용을 메모하거나 독서록에 기록해 두고 다시 보면 더 기억에 오래 남는다. 거서만리車書萬里라는 말이 있다. 거서는 수레 가득 실린 많은 책을 말한다. 거서만리는 많은 책을 읽은 뒤 여행으로 견문을 넓히고 지식을 적용하라는 뜻이다. 다독하지 않으면 만 권을 언제 읽을까?

• 어떻게 읽을지는 아이에게 맡기자

통독이냐 발췌독이냐, 속독이냐 정독이냐 등 독서 방법에 대한 질문에는 무엇이 딱히 좋다고 말하기가 쉽지 않다. 경우에 따라 통독을 해야 할 필요가 있는 것은 통독을 해야 하고, 차례를 훑고 보고 싶은 부분만 보아도 된다면 그 부분만 발췌해서 읽으면 된다. 아이가 책을 많이 읽다 보면 어떻게 읽어야 할지 스스로 알게 된다. 그리고 학교에서 그런 기술도 배운다. 예를 들면 시집을 골라 들었을 때, 차례를 보고 시집의 표지 제목으로 쓰인 시부터 읽으면 시집 볼 줄 안다고들 한다. 이런 것은 스스로의 독서 경험으로 알게 되는 것이지 가르쳐서 알게 되는 것이 아니다. 마찬가지로 속독이냐 정독이냐 하는 질문도 스스로 깨우치는 게 답이다.

독서 메모

질문을 만들어 보세요

○ ....

○ ....

○ ....

○ ....

○ ....

○ ....

○ ....

○ ....

○ ....

○ ....

3장

지금까지의 공부, 제대로 하고 있었을까?

암기하는 공부에서
한 발짝 나아가기

지식의 총량이 많지 않던 시절에는 모든 것을 암기하고 적용하면 불가능한 것이 없었다. 그러나 지금은 과거와는 달리 지식 발전의 속도가 빨라져서 지식도 중요하지만 기능도 중요하다거나, 지식보다 기능이 더 중요하다고 말하는 시대가 되었다. 그래서 국가 차원에서 논의하는 교육 과정에서도 배워야 할 내용이 배운 뒤에 아무 기능과도 연결되지 않는다면 학습 목록에서 빼기로 했다. 이제는 '알 수 있다' 차원에서 '할 수 있다'의 차원으로 넘어왔다. 그러다 보니 공부도 암기 수준에 그쳐서는 성과를 낼 수 없는 시대가 되었다. 어떻게 하면 암기를 넘어 이해하는 공부, 완전히 내재화된 학습을 할 수 있을까?

공부는 기억과 경험의 축적이다

기억, 즉 먼저 암기하는 공부부터 살펴보자. 경험의 축적만이 진정한 학습이라고 주장하는 사람도 있지만 보통 공부는 기억과 경험의 축적으로 이루어진다는 것을 믿는 편이 편안하다.

기억, 즉 암기는 어떤 측면에서 필요할까? 우리가 배운 판소리 사설은 노래로 불리면서 전승되었는데 그 긴 가사가 한 마디 틀리지도 않고 완전히, 기억에 의존해서 전승되어 왔다. 판소리는 가사집을 보고 노래하는 방식이 아니다. 물론 노래방 화면을 보고 부르는 것도 아니다. 판소리 공연은 춘향가뿐 아니라 수궁가도 심청가도 몇 시간이 되었든 전부 외워 불러야 한다. 가사 암기가 판소리 공연의 핵심이다. 대중가수가 공연할 때도 자신의 가사를 외워서 부른다. 한두 곡이 전부인 가수야 외우지 못할 일이 없지만, 히트곡이 수백에 달하는 이미자 씨의 노래는 일반인이라면 제목도 다 모를 만큼 양이 많다. 그러나 이미자 씨는 전부 외운다고 한다.

라흐마니노프 피아노 협주곡은 러시아적인 색채를 잘 살린 원숙한 곡이라는 평을 받는다. 협주곡은 1번부터 4번까지 총 4곡이다. 영화 〈샤인〉은 1997년에 개봉했는데, 그 어렵다는 라흐마니노프의 3번으로 전설적인 무대를 남긴 데이비드 헬프갓David Helfgott의 일대기를 다루었다. 피아니스트는 40분가량 되는 긴 곡이더라도 악보 없이 외워서 연주한다. 한국 피아노의 거장 백건우 씨 역시 예외 없이 외워서 연주한다.

예술 분야만 외워야 하는 것은 아니다. 외우는 능력을 두고 경쟁하는 대회도 있다. '원주율 외우기 대회'가 그것인데, 2008년에 대구 초등학생이 그때까지 밝혀진 490자리를 모두 외우고 우승해 화제가 되었다. 암기를 잘할 수 있었던 비결이 평소 책을 많이 읽은 덕분이라고 했는데, "'19415116'을 외울 땐 2차 세계대전 중인 1941년과 우리나라의 5·16 혁명을 떠올렸죠."라고 말하며, 원주율과 역사를 비교해서 외웠다고 밝혔다.

암기는 학습과 떼려야 뗄 수 없다. 학창 시절에는 영어 단어도 외워야 하고 시인과 문예사조도 외워야 하고 맞춤법도 기억해야 한다. 주기율표 등 과학에도 외울 것 천지다. 사회라고 사정이 다르지도 않다. 그러니까 암기 차원을 넘어 이해하는 공부로 가야 한다는 말은 공부할 때 암기를 하지 않아도 된다는 말이 아니고, 암기에서 그치지 말라는 뜻으로 이해해야 한다.

반복 훈련으로 익숙해져야 다음 단계로 올라간다

수학 공부에서 '암기가 중요한가, 개념과 원리를 파악하는 공부가 중요한가'라는 화제는 우리 교육에서 중요한 질문으로 다뤄진다.

암기가 중요하다고 하면 수능 수학 문제 풀이가 연상되고, 개념과 원리를 파악하는 공부가 중요하다고 하면 학생부종합전형 방식의 공부 또는 IB 교육 과정의 수학 공부가 떠오른다. 영국 워릭대학교 김민형 석좌교수는 저서 《다시, 수학이 필요한 순간》에서 둘 다 중요하다고 말한다. 수학 학습은 피아노 연주와 같은 측면이 있다며, 기초 기술을 습득하면 반복 훈련을 해야 하고 그게 익숙해지고 나면 그다음 단계로 올라가는 기술적인 측면이 있다는 것이다. 김 교수는 명료한 사고가 반드시 원리를 아는 사고만으로 구성되지는 않는다고 말한다. 즉, 개념과 원리를 알고 난 뒤에는 반드시 연습이 필요하다는 점을 간과하지 말아야 한다는 뜻이다.

반복적인 연습은 단기 기억을 장기 기억으로 변환한다. 이 점은 공부에만 해당하는 것이 아니라 모든 분야의 전문가들은 일정 수준에 오를 때까지 연습에 연습을 거듭해서 몸에 익힌다는 공통점이 있다. 그런데 무작정 연습한다고 전문가가 되지는 않는다. 어릴 적에 바둑을 배우고 실력이 비슷한 친구와 평생을 두었다고 해서 프로 기사 수준으로 실력이 나아지는 것은 아니라는 사실이 이 점을 시사한다. 안데르스 에릭슨과 로버트 풀이 함께 지은 책 《1만 시간의 재발견》에서 어떤 분야든 효과적인 연습 방법은 모두 본질적으로 같다며, 체계적이고 의식적인 연습에 대한 중요성을 강조했다. 이 책에서는 황금 기준이라고 부를 수 있는 최고의 훈련 방법이 존재한다고 말한다. 그러나 우리가 공부에 적용하는 연습은 세계 수준의 연주가나 운동선수가 되기 위한 훈련이 아니므로 단지 여러 번 복습해서 보통 수준의 기억에 넣어두는 연습 정도면 충분하다. 이 정도는 '복습을 하자.'는 말을 충실히 지키면 된다.

그럼에도 불구하고 안데르스 에릭슨이 말하는 '의식적인 연습' 7가지 원칙 중 몇 가지는 도전을 염두에 두고 연습할 때 시사점이 있다.

"배우는 사람은 자신의 현재 능력을 살짝 넘어서는 작업을 지속적으로 실시하라."

지금 할 수 있는 수준에서 머무른다면 전문가가 될 수 없다는 맥락으로 볼 수 있다. 그러나 너무 높은 목표를 단시간에 이루겠다고 덤비면 좌절하기 쉽다는 것을 기억하자. 이 말을 공부에 적용하면, 공부할 때 아는 것만 복습하고 모르는 것에는 도전하지 않으면 발전이 없다는 뜻이 된다. 학교 공부를 하는 중이라면 '현재를 살짝 넘어서는 작업'이란 지금 알아야 하는 내용인데 이해가 안 되는 것에 도전하라는 말로 받아들이면 된다.

"특정 부분을 신장하기 위한 명확한 목표를 가지고 연습하라."

아이들에게는 얇은 책 여러 권을 읽히는 것이 두꺼운 책 한 권을 읽히는 것보다 효과적이라고 하는 이유는 '몇 권을 읽었다'는 분명한 성취감을 줄 수 있기 때문이다. 이처럼 명확한 부분적인 목표가 있으면 그 목표를 달성했을 때의 성취감이 보상이 된다.

"피드백과 피드백에 따른 행동 변경을 해야 한다."
첫 단계의 피드백은 선생님에게 받게 되지만 시간이 지나면 자기 스스로 모니터하여 문제를 발견하고 해결 방법을 찾아 수정해 가야 한다. 좋은 스승을 만난다는 것은 행운이다. 바꿔 말하면 늘 좋은 스승을 만날 기회가 주어지지는 않는다. 그렇다면 자신의 단점을 찾아 개선하는 노력을 스스로 해야 한다.

'직접 해 보는 것'으로 바뀐 성취의 기준

"기억된 지식이 없으면 수준이 낮아지고 지식에서 머무르면 공허해진다."라는 말이 있다. 지식에서 머물러 공허해지지 않으려면 어떤 것이 더 필요할까? 바로 경험이다.

국어 수업에서 '갈등'을 주제로 모둠 활동을 하기로 했다고 하자. 모둠은 협의해서 정하라고 했더니 갈등 없이 모둠이 만들어지기는 했지만, 어쩐지 학업 능력별로 모인 것으로 보여 불안하기는 했다. 모둠 중 역할극을 준비한 두 모둠이 있었다.

1 모둠

연인이 있었다. 두 사람은 결혼 승낙을 받으려고 남자 어머니를 만났다. 어머니는 "내가 어떻게 기른 아들인데 너랑은 결혼시킬 수 없다"라며 반대를 했다. 두 사람은 부모를 등지고 나가 연락을 끊고 살림을 차렸다. 5년 뒤, 두 사람은 아이를 데리고 어머니 앞에 나타났다. 어머니는 그동안 고생했다고 위로하면서 내가 바라던 손주까지 데려와 고맙다고 했다. 며느리와 어머니는 하이파이브를 하고 갈등이 해소되었다.

2 모둠

조선 숙종 19년(1693)에 어부 안용복은 울산 출신 어부들과 울릉도 부근에서 고기를 잡다가 일본 어부들과 마주쳤고 실랑이를 벌이다가 일본으로 끌려갔다. 안용복은 조선 영토인 울릉도에서 조선 사람이 조업하는데 억류하는 것은 옳지 못하다고 호키주 태수에게 항의했다. 태수는 막부에 보고했고 막부에서는 '울릉도는 일본의 영토가 아니다'라는 내용의 문서를 써주게 했다. 안용복은 9개월 만에 귀국했다. 그러나 안용복은 귀국해서 상을 받은 것이 아니고 처벌을 받았다. 허가 없이 국경을 넘었다는 죄목으로 곤장 100대를 맞았다. 한편 이를 계기로 조정에서는 대마도와 울릉도와 독도의 영유권을 두고 논의를 벌였다. 그 결과

숙종 22년(1696)에 일본 막부는 울릉도와 독도를 조선의 영토로 인정하고 일본 어민의 도해와 어업 활동을 금지하는 결정을 내렸다. 그러나 양국의 협약은 실질적으로는 지켜지지 않고 일본 어선들은 울릉도와 독도에서 계속 조업을 했다. 안용복은 다시 호키주로 찾아가 정식 관원인 것처럼 관복을 입고 일본 담당자와 담판을 지었다. 그러나 안용복이 정당한 절차를 거치지 않았다는 것이 들통나 조선으로 송환되었다. 송환된 뒤 안용복은 관리를 참칭하고 자발적으로 국경을 넘었다는 사실 때문에 결국 국문을 받게 되었다. 안용복 처벌에 대한 대신들의 의견은 둘로 갈렸다. 국경을 자발적으로 넘었으며 정부 문서를 위조했으므로 중대한 범죄를 저질렀다고 주장하는 측과 국가에서도 하지 못한 일을 해냈으니 범죄행위는 인정되지만 감형해야 한다는 측으로 갈린 것이다. 결국 안용복은 숙종 23년(1697년)에 유배형으로 감형되었다.

같은 시간에 같은 주제로 두 모둠이 발표를 했다. 1 모둠의 발표는 코믹한 요소가 더해져 친구들에게 웃음을 선사한 반면 2 모둠의 발표는 자못 엄숙했다. 이런 활동을 통하여 학생들은 성취기준(보통은 학습 목표라고 한다)에 다다른다. 갈등이라는 것이 다양한 모습으로 우리 곁에 존재한다는 것을 아는 것이다.

그런데 1 모둠의 갈등 역할극은 고등학교 2학년 교실에서 만들어졌다고 보기에는 수준이 낮다. 초등학교 고학년이면 이 정도의 갈등과 해소를 말해도 충분하다. 그러니 학습과 성취가 성공적이라고 말하긴 어렵다. 그 이유는 배경 지식이 부족해서 내용이 다소 통속적이기 때문이다. 한편 2 모둠이 표현한 갈등은 울릉도와 독도에서의 조업을 둘러싼 조선과 일본 어민의 갈등, 조선 조정과 일본 조정의 영유권을 둘러싼 갈등, 안용복의 처벌과 관련한 갈등 등 여러 가지 갈등이 나타나 국가 대 국가, 개인과 국가, 집단과 집단 사이의 다양한 갈등을 볼 수 있어 깊이가 있다. 또 안용복의 감형을 주장하는 부분을 상세화하면 논리 싸움이라는 수준 높은 재미까지 맛볼 수 있다.

이처럼 지금 필요한 공부는 '알 수 있다, 안다, 이해한다'라는 차원에서 '할 수 있다, 한다'의 차원으로 바뀌었다. 예전의 '갈등을 이해한다.'라는 성취 기준은 '갈등이 나타난 상황을 역할극을 통해 발표할 수 있다.'라는 성취 기준으로 바뀌었다. 이는 야구하는 법과 야구 규칙을 교실에서 책으로 배운다고 진짜 야구를 할 수 있게 되는 게 아니라는 점과 같은 맥락이다. 라면을 끓이는 법을 안 이후에는 라면을 끓여서 먹을 줄 알아야 한다. 이런 공부가 강조되는 지금의 학습에서는 책을 보고 외우는 공부만이 아닌 무엇인가를 직접 해보는 경험으로서의 공부가 강조된다.

• 원주율을 외운 대구 초등학생의 암기법처럼 다른 상황에 빗대서 기억하는 방법도 좋은 방법이다.

• 단어의 첫 글자를 따서 외우는 방법도 유명하다. 조선시대 왕의 순서를 '태정태세문단세…'로 초등학교 때 외워두면 영원히 기억하게 된다.

• 노래 가사에 붙여 외우는 것도 좋다. 〈슈퍼밴드〉라는 경연 프로그램에 출연한 현직 교사 안성진 선생님의 밴드는 '대리암'이라는 노래를 발표해 학생들 사이에서 화제를 모았다. 노래를 좋아하는 학생들이라면 '나는 대리암 염산과 반응하면 이산화탄소를 내며 녹는 대리암, Hcl이다 CaCO3다'라는 가사를 남들보다 잘 기억할 것이다.

• 눈에 보이는 곳에 외워야 할 것을 포스트잇에 적어 붙여두고 자주 보자. 책상머리, 식탁, 화장실 문 등 여기저기에 적어두면 눈에 자주 띄기 때문에 반복 학습이 된다.

• 작은 수첩에 외워야 할 것을 적어두고 들고 다니면서 본다. 2020학년도 수능 만점자 송영준 씨도 손바닥 크기 수첩에 외워야 할 단어, 공식, 개념 등을 적어서 외웠다며 이 수첩을 '꿈틀노트'라고 소개했다.

• 외워야 할 것을 매일 같은 시간을 정해 외우면 건너뛰지 않는다. '점심시간에 밥을 먹고 난 뒤에는 반드시 영어 단어 10개를 외운다. 저녁 먹기 전에 또 10개를 외운다.'와 같은 방식이다. '점심시간에 식사하고 난 뒤에는 언제나 도서관에 책 구경 간다.'도 이와 같은 방식으로 시간을 정해 습관화해서 몸에 익히는 것이다.

• 이렇듯 암기에는 다양한 방법이 있지만, 복습하지 않으면 잊게 된다. 외워야 할 것들을 장기 기억에 저장하려면 복습이 필수다. 그리고 자주 반복해야 한다. 만나는 사람에게 "이거 한 번 들어 볼래?"라고 말하며 외운 내용을 자랑하면 오래 간다. 선생님이 교과 내용을 잘 기억하고 있는 이유는 같은 내용을 여러 반에서 몇 년 동안 지속적으로 반복하기 때문이다.

내신은 좋은데 왜
수능 점수는 안 나올까?

모든 공부는 암기만으로 완성되지 않는다. 통으로 암기하면 선택형 문항의 답을 맞힐 수는 있지만, 개념과 원리를 설명하거나 새로운 문제 유형에 적용하기가 어렵다. 또한 시간이 지나면 날아가 버리는 휘발성 지식이 될 가능성이 크다. 휘발성 지식이라도 수능을 볼 때까지만이라도 기억에 남아 있으면 좋으련만, 보통 학교 시험이 끝나면 바로 사라진다. 새로 진도를 나가면 과거 진도에서 외운 것을 기억하지 못하므로 수능 같은 전 범위 시험을 보면 좋은 성적이 나오지 않는다. 이런 학생들이 바로 내신은 좋은데 수능 점수는 안 나오는 유형 중 다수를 차지한다.

그런데도 학생 대다수는 이해가 안 되면 암기해 버린다. 수학도 마찬가지로 이해가 안 되면 암기해서 문제를 푼다. 이래도 학교 시험 점수가 잘 나오고, 수행 평가도 잘 끝낼 수 있는 이유는 시험 문제나 수행 평가 문제가 모두 교과서 예제 수준에서 나오기 때문이다. 암기만 하면 응용이 필요 없도록 문제가 나오므로 성적이 그럴듯해서 암기하면 성적이 좋아진다는 오해를 하게 된다.

예를 들면, 초등학교 6학년에는 원의 면적을 구하는 방법이 설명되어 있다. 아직은 반지름을 r로 표기하지 않고 원주율을 π로 나타내지는 않았지만 식을 외우느냐, 이해하느냐에 따라 다음 단계로 넘어가는 데 차이가 생긴다. 이해하고 다음 단계로 가면 원의 표면적이나 부피를 구하는 부분에서 어려움이 없지만, 그냥 외운 뒤 다음 단계로 넘어가면 더 이해를 못하다가 결국 수학을 포기한다.

교과서는 학생의 눈높이에 맞춰 이해가 쉽도록 그림으로 설명하고 있다. 이 설명으로 '원리'를 먼저 이해하라고 교과서는 말하고 있다. 일단 학생에게 사각형과 달리 원은 낯설다. 사각형의 넓이는 밑변×높이로 나타내는데, 원은 그게 불가능하니 어렵게 느껴진다. 그런데 어떤 수학자가 원을 다음 그림처럼 쪼개서 사각형으로 만들어 넓이를 구했다. 원둘레는 지름의 3.14배이므로 반지름×2×3.14가 원둘레 길이이며, 밑변은 그 절반이니 1/2를 곱해야 하고, 높이는 반지름이니 반지름×2×3.14×1/2×반지름이 원의 넓이다. 간단히 하면 반지름

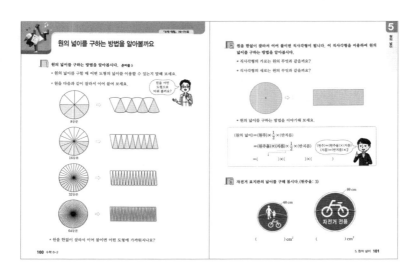

6학년 2학기 수학 교과서

제곱×원주율이다. 중학교에서는 이 식을 πr^2으로 표기한다. 반지름은 r이니 지름이 2r, 원주율은 π이므로 실제 원둘레 길이는 2rπ인데, 이 표기는 2πr로 쓴다. '2πr×1/2×높이인 r'을 간단히 하면 πr^2이 된다. 고등학생이라면 원의 면적을 적분법을 사용하여 구하게 될 것이다. 학년이 올라가면서 더 어려운 개념을 이해하게 되면 그 방식을 적용하여 문제를 해결하게 된다. 다만 기초가 되는 원리가 탄탄하다면 이해와 적용이 조금 더 빠르게 이뤄진다.

국어도 이해하는 공부를 해야 한다. 염상섭은 《삼대》와 《두 파산》을 쓴 작가라고 외워두면 퀴즈 문제를 맞히거나 문학사 시험을 볼 때 정답을 맞힐 수는 있지만, 기억이 오래가지는 않는다. 염상섭은 1897년 서울에서 태어나 1963년에 타계했고, 소설 《삼대》는 1931년 〈조선일보〉에 연재한 소설이라는 점, 삼대는 서울의 이름난 만석꾼 조씨趙氏 집안의 할아버지와 아버지, 그리고 아들 삼대를 의미하며, 이 인물들을 통하여 당시의 사회상을 자세히 그리고 있는 장편 소설이 라는 점을 찾아 이해했으면 기억에 오래 남아 있게 된다. 또한 이 작품의 일부가 교과서에 실려 있다면 전체를 찾아 읽어보는 사이에 3·1 운동 이후부터 1930년대 초입에 이르는 사회의 모습을 볼 수 있다. 아이에게는 지금은 없는 신문 연재 소설이라는 특징도 낯설 수 있는 데, 이 또한 작품의 배경을 찾아 익히면 자연스럽게 배울 수 있다.

이해하는 공부는
용어, 분류, 질문이 핵심

━━━━━━● 암기에 이어 '이해'하는 공부에 대해 알아보자. 이해하는 공부를 위해 갖춰야 할 태도가 몇 가지 있다.

첫째, 아이에게 선생님과 공부를 할 때 설명을 잘 듣고 고개를 끄덕이게 될 때까지 모르는 것을 묻는 습관을 들이게 하자. 학교에서는 개념과 원리를 잘 설명해 준다. 먼 옛날에는 선생님이 칠판 한가득 필기를 하고 전부 외우라고만 가르쳤던 시절도 있었다. 학부모의 기억에는 개념이나 원리를 잘 설명한 선생님이 없을 수도 있다. 그러나 지금은 교과서가 개념을 알고 적용하는 활동을 하는 방식으로 되어 있을 뿐 아니라, 당장 문제 풀이에 써먹을 수 있는 지식보다 개념을 학습하고 그 개념을 활용해서 문제를 창의적으로 해결하는 공부를 하므로 학교 공부를 최우선으로 두면 이해하는 공부를 할 수 있다.

둘째, 매사에 '왜'라는 질문을 하고 질문에 스스로 답을 찾아가며 공부하도록 지도하자. 4학년 1학기에는 지역 문제 해결에 관한 글이 있다. 지역 문제 중 주차 문제를 해결하는 연습문제다. 우리 지역의 주차 문제를 해결하는 데 '좁은 골목길에 주차된 차들 때문에 등하굣길의 학생들이 위험하니 각 가정에 개인 주차장을 만들자.'는 주장도 나와 있다. 이 주장이 타당하다면 왜 타당한지, 타당하지 않다면 왜 타당하지 않은지에 대해 답해 보면 '주장의 타당성'이라는 개념이 이해된다.

6학년 2학기 사회 교과서에는 '독도를 지키려는 사람들의 노력을 알아봅시다'라는 항목이 있다. 여기에는 안용복의 활약이 실려 있다. 안용복은 울릉도 인근에서 고기를 잡던 중 일본 어민을 발견하고 이를 꾸짖다가 일본으로 잡혀갔는데, 그는 울릉도와 독도가 우리나라 영토임을 주장하고 이를 확인하는 문서를 일본으로부터 받아 냈다. 그 이후 울릉도 인근에서 고기잡이하던 일본 어민을 또 발견하고 일본에 건너가 울릉도와 독도가 우리나라 영토임을 일본으로부터 재확인하고 돌아왔다. 이를 계기로 일본은 조선의 영토인 울릉도와 독도에서 일본 어민들이 어업을 하지 못하도록 명령을 내렸다는 내용이다.

이 이야기를 당연한 것으로 받아들이면 '안용복, 조선 숙종 때, 독도 지킴' 정도를 외우겠지만 좀 더 깊이 생각해 보면 공부가 더 재미있어진다. 안용복은 어떻게 잡혀갔나? 누가 잡아갔나? 일본에서 험한 일을 당하지는 않았나? 일본 정부는 왜 어민에게 외교 문서를 써 주었나? 쓰시마섬 도주에게 문서를 왜, 어떻게 빼앗겼나? 안용복이 일본으로 다시 갈 때는 누구랑 같이 갔나? 일본이 울릉도와 독도가 우리나라 영토임을 확인해 주었다면 조선 조정에서는 어떻게 알게 되었나? 나중에 상이나 벌을 받았나? 이해하는 공부를 하려면 질문을 끝없이 할 수 있다.

셋째, 분류적 지식을 활용하도록 돕자. 수영에는 4가지 종류가 있다. 무엇일까? 경영, 다이빙, 수구, 싱크로나이즈드다. 다시 또 경영에는 4가지가 있다. 자유형, 평영, 배영, 접영이다. 그런데 대부분 사람들은 수영의 4가지는 자유형, 평영, 배영, 접영이라고 한다. 나열된 지식은 같은 위상으로 분류해서 이해해야 한다. 아이와 함께 주제를 정해서 주제와 관련된 단어들을 분류해보자. 낱말 카드를 이용해도 되고, 함께 종이에 적어보는 것도 좋다. 분류하는 능력이 이해를 돕는다.

넷째, 용어를 이해하면 기억이 쉽다. 수영의 영법인 자유형을 자유영이라고 잘못 알고 있는 사람도 많다. 자유형은 자유로운 형태로 수영한다는 뜻이다. 그러면 자유형 경기에서 접영으로 수영을 하면 실격일까 아닐까? 실격이 아니다. 왜냐하면 '자유'형이니까. 그런데 접영은 크롤이라고 부르는 스타일보다 더 빨리 헤엄칠 수 없으니 누구나 다 크롤 형태로 헤엄친다. 범람원이라는 지리 용어가 있다. 범람으로 만들어진 평지라는 뜻일 것이다. 범람한 곳의 토양이 비옥해 농사에 적합하다. 범람으로 인한 피해도 있지만 척박한 땅에 비하면 위험을 감수할 만하다. 그래서 사람들은 범람원에서 모여 살았다. 이런 용어를 이해하면 범람원과 문명의 관계도 이해할 수 있다.

이해하는 방식으로 공부한 다음 유사한 문제를 풀어 비슷한 문제를 만났을 때 빠르게 머리에서 꺼내 사용할 수 있도록 연습해야 한다. 수학뿐만 아니라 모든 과목을 공부할 때 개념과 원리를 이해하고 난 뒤 숙달을 위한 연습이 필요하다.

입시 대비, '교과서 학습 활동'에 집중하라

2015 개정 교육 과정 교과서는 호기심을 불러일으킬 동기 부여에 이어 학습 목표에 따른 개념·원리에 대한 설명이 간단히 제시된 다음, 학습 활동을 하도록 구성되어 있다. 초중고 교과서 모두 같은 체제로 되어 있다. 그러다 보니 선생님들은 교과서에 가르칠 게 없다고 말하기도 한다. 그래서 일부 학원에서는 이전처럼 설명이 잔뜩 있는 문제집, 자습서와 더불어 설명이 많이 적혀있던 과거의 교과서를 사용한다고 한다. 그러나 공부란 학습자가 스스로 하는 것이고 교과서는 참고자료에 불과하며 선생님은 학생이 지식을 찾아가는 여정을 도와주는 조력자라고 말하기 시작한 지가 벌써 30년은

족히 되었다. 교육부가 교수·학습 개선을 외치며 학생이 참여하는 공부가 진정한 공부라는 교육 방침을 세운 것이 1980년대 말이며, 2002학년도에 고등학교에 처음 적용된 제7차 교육 과정에서는 학생이 참여하는 공부를 공식화했었다. 그런데 이제 와서야 교실에서 학생이 주도적으로 공부하지 않을 수 없는 교과서가 만들어지고 쓰이기 시작했다.

이러한 흐름은 대입 제도에까지 영향을 미쳤다. 상위권 대학에서 학생 선발의 비중이 높은 전형인 학생부종합전형에서는 학생이 어떤 과목을 선택해서 배웠는지와 어떤 방식으로 배웠는지를 평가하기에 교실 수업은 점점 활동 중심 수업으로 변모했다. 그래도 학생과 학부모는 학교 다니는 동안 이것 외에 무슨 활동을 더 해야 하는 건 아닌가 고민한다. 대학에서 중점적으로 보는 것이 동아리 활동이나 봉사 활동 같은 창의적 체험 활동에 속하는 활동이 아닌가 묻는다. 코로나19라는 팬데믹 상황 아래에서 이런 활동을 충실히 하지 못했으니 입시에 불리할 거라고도 한다.

그러나 이런 말은 모두 옳은 말이 아니다. 물론 성적이 중간이거나 그 이하의 학생들이 주로 지원하는 모집단위라면 동아리를 자발적으로 열심히 하고, 진로 활동과 봉사 활동을 성실히 한 학생이 선발될 수 있다. 그러나 공부를 잘하는 학생들이 지원하는 모집단위의 전형에서는 교과 학습에서 어떤 학습 경험을 해보았는지가 가장 중

활동 1 신문, 비판적으로 읽기

❶ 신문 기사를 읽고, 글쓴이의 의도를 파악해 보자.

남극 오존층 구멍, 영국 땅 18배만큼 줄어 …… 2050년까지 자연 회복

국제 협력이 보여 준 첫 성공 사례

미국항공우주국이 2000년 관측한
남극 지방의 파괴된 오존층

남극 하늘의 오존층 구멍이 줄어들고 있으며, 자연적으로 2050년까지 완전히 회복될 것이라는 연구 결과가 나왔다.

영국 리즈대학과 미국 매사추세츠공과대학[MIT] 공동 연구팀이 작년 9월 남극 상공의 파괴된 오존층 면적을 분석한 결과 15년 전인 2000년 9월보다 440만 km^2 정도 줄었다고 《텔레그래프》 등 영국 언론이 30일 보도했다. 줄어든 오존층 구멍의 면적은 영국 국토 면적의 약 18배에 달한다. 리즈대학의 라이언 닐리 박사는 "관측값·컴퓨터 모델 분석 결과 등을 분석한 결과, 남극의 오존층 회복은 시작됐다."라고 주장했다. 이어 연구 팀은 2050년이면 남극 상공의 오존층 구멍이 영구적으로 회복될 것이라는 전망도 했다. 오존층이 자연적으로 회복된 원인으로는 전 세계 각국이 몬트리올 의정서의 합의 내용을 충실하게 이행한 점이 꼽혔다. 몬트리올 의정서는 오존층 파괴의 주요 원인으로 꼽히는 프레온 가스류 사용을 금지하고 있다.

오존층 파괴 현상은 1950년대 처음으로 발견됐다. 2000년 오존층 파괴 면적은 약 3,000만 km^2에 육박해 최악의 수준을 기록한 바 있다.

- 《조선일보》 2016년 7월 1일 자 기사

고등학교 국어 교과서

130

요하다. 이러한 학습 중에 하는 활동은 대부분 교과서에서 학습 활동으로 제시되어 있다.

그러니 무슨 활동을 하면 돋보일까를 고민할 필요가 없다. 학교 공부와 교과서에서 제시한 활동과 추가로 더 해보라는 선생님의 말씀, 스스로 궁금했던 이런저런 사항들의 총합이 학교 다니는 동안 해야 할 공부이므로 교과서 활동을 열심히 하는 것이 활동 중심 학습의 기본이다.

설명하는 공부가
오래 남는 이유

학습 효율이 가장 좋은 공부법은 무엇일까? 남을 가르치며 하는 공부가 학습 효율이 가장 높다. 평균 기억률을 나타내는 학습 피라미드에서도 수업을 듣기만 해서는 5%가 기억에 남지만, 가르치는 경우 90%가 기억에 남는다고 한다. 이런 공부법이 널리 퍼져서 드라마 〈SKY 캐슬〉에서도 중학생 아들이 엄마에게 공부한 것을 설명하는 장면이 나왔었다. 그런데 아이가 설명하다 막히니까 엄마가 아이에게 핀잔을 주고 아이는 짜증을 내면서 방을 나가 버렸다. 아이가 배운 것을 설명해 주려고 한다면 엄마는 아이가 설명하다 막히더라도 미소를 지어 주어야 한다. 그래야 다음에 아이가 또 설명을

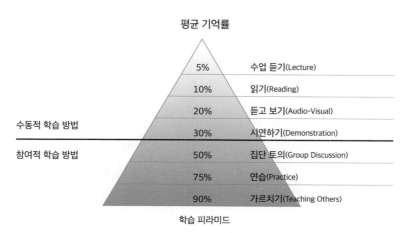

평균 기억률

5%	수업 듣기(Lecture)
10%	읽기(Reading)
20%	듣고 보기(Audio-Visual)
30%	시연하기(Demonstration)
50%	집단 토의(Group Discussion)
75%	연습(Practice)
90%	가르치기(Teaching Others)

수동적 학습 방법

참여적 학습 방법

학습 피라미드

출처: Adapted from National Training Laboratories. Bethel, Maine

시도한다. 조금 더듬거리더라도 끝까지 들어주고 격려해 주다 보면 곧잘 하는 순간이 다가온다.

설명하려면 내용을 잘 이해하고 있어야 한다. 책을 들고 설명해도 상관없다. 5학년 사회 교과서에는 정부조직도가 나온다. 정부조직도를 보고 정부가 하는 일을 설명할 수 있으면 되지, 굳이 정부조직을 외워야 할 필요는 없다. 암기 실력을 보려는 것이 아니기 때문이다. 단원에서 중요한 개념을 설명하고, 이어 나오는 활동이나 문제를 설명하도록 한다. 개념을 설명하기 전에 질문을 만들어 보는 것도 좋다.

설명을 하면 공부만 완벽하게 되는 것이 아니라 덤으로 '말하는 실력'을 얻게 된다. 과거에는 침묵이 금이었지만 지금은 남을 설득하는 능력이 금인 시대가 되었다. 평소 말하는 능력을 길러야 설득도 잘하게 된다. 대학 입시를 치를 때에도 면접을 보기 때문에 평소 설명하는 공부를 한 사람은 면접 연습도 동시에 하는 셈이다. 추가로 조언하자면, 아이에게 '메라비언의 법칙'을 설명하고, 타인에게 말을 할 때 이를 생각하게 만들자. 메라비언의 법칙이란 말하는 내용은 7%, 어조는 38%, 몸짓은 55%의 비중으로 상대에게 전달된다는 법칙이다. 조리 있게 말하는 것도 중요하지만, 자신감 있는 어조로 말하면 훨씬 내용에 힘이 실린다.

설명하며 공부하는 방법은 평가자가 아니라 청자가 필요하다. 잘 설명했는지는 스스로도 판단할 수 있다. 누가 들어줄까? 매번 엄마가 들어주기는 쉽지 않다. 시간이 허락하지 않기 때문이다. 그래서 설명을 들어줄 친구가 필요하다. 친구에게 설명하고 친구의 설명을 듣는 품앗이를 할 수 있도록 유도하자. 서로 시간을 내서 들어주는 것은 우정의 힘이 아니면 어렵다. 아이의 인간관계 연습에도 도움이 된다는 뜻이다. 대면 만남이 곤란한 시기라면 온라인으로 할 수 있다.

열정적인 일부 부모는 본인이 밤새워 공부해서 아이에게 설명해 준다. 그러면 아이의 실력은 늘지 않고 되려 엄마의 실력이 자란다. 그러나 엄마는 아이의 성적이 좋아지지 않는 이유를 잘 모른다. 아무리 느리고 힘들어도 아이가 직접 해야 아이의 실력이 자란다. 처음에는 서툴러도 아이가 설명하게 하고 성공했을 때 한껏 칭찬해 주자.

시작조차 싫어하는 아이의
학습 첫 단추 끼우기

———● 어릴 때 공부 습관이 생기지 않았다면 그 원인을 찾아야 공부의 첫 단추를 끼울 수 있다. 읽고 쓰는 데 속도가 느리거나 사칙 연산을 잘하지 못하는 것에서 발생하는 기능적인 문제라면 연습으로 해결할 수 있다. 매일 일정한 시간을 정해 읽고 쓰는 연습, 연산 연습을 해야 한다. 꾸준히 연습하면 금세 좋아진다. 글씨 쓰는 속도가 느린 이유는 한글에 익숙하지 않아서 쓰는 것이 아니라 그리는 수준이기 때문일 수 있다. 맞춤법에 맞게 쓰는지에 지나치게 매달리지 말고 일단 어느 정도 쓰게 된 뒤에 맞춤법은 서서히 교정하면 된다. 글씨체에 문제가 있는 경우도 있다. 붓글씨 명조체 쓰듯 글씨를

쓰면 속도가 떨어진다. 아이가 글씨 쓰는 모습을 관찰해서, 연필을 쥐는 법 혹은 글씨체나 다른 문제가 없는지 살펴보고 고쳐주는 과정이 필요하다.

숙제를 제대로 하지 않는 습관이 학습력을 떨어뜨리기도 한다. 어릴 때 숙제를 하지 않아도 꾸지람을 듣지 않고 그냥 넘어갔던 경험이 누적되어 현재도 숙제를 제대로 하지 않는다면 습관 교정이 필요하다. 숙제를 다 하기 전에는 놀지 못하게 해야 하고, 습관을 고치는 데 필요한 기간 동안 지속적으로 단호하게 관리해야 한다. 학습 결손으로 진도를 따라가기 어려워 숙제를 하지 못한다면 학습 결손을 메워줄 수 있는 멘토가 필요하다. 학교 수업에서 결손이 있는 학생을 별도로 가르치는 특수교사제를 운영하는 나라도 있지만, 우리나라는 아직은 가정에서 많은 부분을 책임져야 한다.

자리에 앉아 있는 시간이 짧거나 집중하는 시간이 짧은 경우에도 학습력이 떨어진다. 초등학생이라면 40분, 중학생은 45분, 고등학생은 100분은 계속 자리에 앉아 공부할 수 있어야 한다. 고등학생이 집중해야 하는 100분은 수능 과목 시험 시간의 길이다. 우선은 각 학년에 해당하는 시간을 목표로 세우고 조금씩 시간을 늘려가는 방식으로 연습을 하면 좋아진다.

공부해야 할 양에 질려 손을 댈 엄두를 내지 못하는 경우라면, 두꺼운 책 한 권 대신 얇은 책 여러 권을 보는 공부 방식으로 바꾸면 좋다. 독서를 할 때 얇은 책을 여러 권 읽어 성취감을 쌓은 뒤 점점 두껍고 어려운 책으로 이동하는 방법, 쉽고 얇은 문제집을 선택해서 다 푼 다음 조금 더 어려운 문제집으로 옮기는 방법 등이 여기에 해당한다.

그밖에도 다양한 학습 부진 원인이 있으므로 학교와 상의하면 도움을 받을 수 있다. 학습 부진에 치료가 필요한 원인이 있다면 치료 또한 받아야 한다.

학생부 기록의 어떤 점에
집중해야 할까?

━━━━━━● 학생부에 기재되는 요소들에 관해 관심을 가질 필요
가 있다. 지금 교육 과정 안에서 아이가 어떻게 평가받고, 학습 내용
이 어떤 식으로 기록되는지 아는 것은 미래 입시를 위해서도 중요하
다. 특히 고등학생에게는 학생부가 학생부종합전형 평가의 중심 요
소이므로 더 관심을 가져야 한다.

　학종에서 가장 비중이 큰 요소는 '교과 학습'이다. 이것을 대학
에서는 '전공적합성'이라고 여긴다. 대학에 와서 전공할 분야를 이해
할 수 있을 만큼 고등학교 때 기반을 다지고 배워 와야 한다는 뜻이
다. 공대를 지원하려는 학생이라면 물리Ⅱ, 화학Ⅱ 과목까지는 공부

해야 한다. 이 과목을 배웠더라도 어떻게 배웠는지가 중요한 평가 요소이다. 점수는 좋은데 학습 수준이 낮은 경우도 많으므로 세부능력 및 특기사항을 보고 대학이 학생의 학업 수준을 평가한다.

선생님은 온라인 및 오프라인 수업 중 학생에게 학습 활동을 지시하고, 학생이 학습해 나가는 과정을 관찰해 두었다가 학생부 세특에 적는다. 그러므로 1차적으로 학생이 모든 학습 활동에 적극적으로 참여하고 과제 또한 성실히 하고 있으면 학생부 기록은 걱정하지 않아도 된다. 학생부에 대해 많이 궁금해하고, 오해하고 있는 내용들을 이야기하려고 한다.

먼저, 세특에 진로와 관련된 내용이 있으면 진학에 도움이 될까? 답은 '아니다'이다. 어떤 과목이든지 학생이 공부하는 과목은 교육과정에서 '성취 기준'이라고 부르는 학습 목표가 있다. 그 학습 목표를 잘 공부하면 된다. '좋은 의사가 되려는 목적에서 생명과학 시간에 배운 ○○○을 바탕으로 보고서를 쓰고 발표함' 등의 기록이 도움이 되는 것은 아니다. 선생님은 과목별 세특 최대 글자수인 500자 안에 학생이 학습한 내용의 특징을 기록해야 하므로 쓰지 않아야 할 말로 괜히 글자수를 채우면 평가할 소재가 없어진다.

세특에 독서 내용이 기록되면 진학에 도움이 될까? 대학에서 독서 기록을 받지 않는 2024학년도 이후의 입시를 치르게 될 학년들은 특히 독서 사실이 학생부에 남으면 도움이 될 것이라고 생각한다. 그래서 ○○책을 읽고 호기심이 생겨 △△단원을 공부했다거나, ○○ 책을 읽고 문제를 해결했다는 등의 기록이 있어야 한다고 생각하는 경우가 많다. 여기에 '자기 주도적으로 선택, 스스로 찾아 읽고'와 같은 수식어도 붙인다. 그러나 입학사정관은 공부는 교과서와 참고자료로 하는 것이고 다양한 책 읽기는 부차적인 요인이라고 생각한다. 따라서 '△△을 공부하고 더 찾아 읽기로 ○○을 읽고 요약하여 발표하였다.', '○○을 읽고 보고서를 쓰는 데 참고하였다.' 정도면 충분하다. 사실 학생부에서 다른 무엇보다도 중요한 것은 성취 원점수라고 할 수 있다. 생명과학 I 성적 평균이 60점일 때, 70점을 받은 학생의 학생부에 600쪽에 달하는, 지루하기까지 한 《이기적 유전자》를 완독했다고 적혀 있으면 사정관은 이 기록을 믿을까?

동아리 활동은 어떻게 해야 할까? 학생부에 나타난 모든 기록은 중요하지만, 본질을 떠나면 의미가 없다. 동아리 활동은 학생이 교과 외로 자신의 성장을 위해 하는 활동이다. 부모 세대의 학창 시절에 합창반, 서각반, 농구반 등 다양한 동아리 활동을 할 수 있었는데, 수학연구반, 물리탐구반 등은 자습만 진행했던 기억이 있을 것이다. 얼마나 취미가 없으면 교과 수업에서 해야 할 것을 동아리로 개설할까 하는 의문이 있었다면, 이 의문은 현재에도 적용된다. 동아리 활동, 진로 활동 등 모든 활동은 목적 그 자체로 충실히 하면 될 영역이다. 따로 입시를 위해서 진행하지 않아도 된다는 뜻이다.

성공적인 학습을 위한
체크리스트

———————● 아이의 현재 학습 상태를 정확하게 파악하는 일은 앞으로의 학습 설계를 위해 매우 중요하다. 잘하고 있는 부분은 더 잘하도록, 부족한 부분은 보완할 수 있도록 코칭하면 아이는 그 방향대로 걸어가기 때문이다. 아래 학습을 위한 체크리스트는 총 7가지 카테고리로 나뉘어 있다. 아이 학습에서 고려해야할 전반적인 모든 요인들이니, 아이와 함께 대화를 나누며 따로 종이에 적어 보자.

부모 요인	1	적절하게 성취 압력을 가하는가?
	2	성취 압력을 주변에서도 적절하다고 이야기하는가?
	3	아이의 자율성을 인정하는가?
	4	실패나 잘못에 대하여 관대한가?
	5	다른 집 아이나 형제자매와 비교하는가?
성장 배경 요인	6	아이가 성취를 위해 노력해 왔나?
	7	아이가 받아 온 수업은 학생의 수준에 맞았나?
	8	초등학교 또는 중학교 때는 성적이 좋았나?
	9	아이의 전학 등이 잦아 기본적 태도를 갖추기 어려웠나?
	10	아이가 공부 방법에 대해 지도를 받지 못하였나?
현재 상태	11	자기에 대한 신뢰감이 있으며 낙관적인가?
	12	학업에 대한 불안이 있거나 목표 달성에 어려움을 겪는가?
	13	학교에서 배우는 과목에 흥미를 갖고 있나?
	14	자기 주도적으로 학습하는가?
	15	공부를 하지 않을 핑계를 대려고 하나?
관계	16	선생님과 원만한 관계를 유지하고 있나?
	17	부모와 원만한 관계를 유지하고 있나?
	18	공부보다 친구를 더 좋아하나?
	19	아이의 또래 집단은 학습에 대해 적극적인가?
계획과 실천	20	계획을 세워 생활하는가?
	21	성취 목표는 실현 가능한가?
	22	이루려고 하는 학습 수준은 적절한가?
	23	계획대로 실천이 안 되고 학업 능률이 오르지 않아 고민인가?
	24	학업 습관에 문제는 없는가?
	25	노력한 만큼 성적이 나오지 않는가?
	26	공부할 수 있는 환경인가?
	27	이전 학년에서의 학습 결손은 없는가?
온라인 상황	28	온라인 수업 때문에 성적이 떨어지나?
	29	온라인 수업에서 요구하는 학습 활동에 참가하는가?
	30	등교 수업 전에 온라인 수업 내용을 숙지하고 있나?
	31	등교 수업 때 선생님이 강조하는 것을 파악하고 있나?
미래	32	아이가 어떤 사람이 되기를 바라나?

부모 요인

1) 적절하게 성취 압력을 가하는가?

부모가 지나치게 공부를 강조하면 학생이 부담만 갖고 자존감을 잃게 된다. 공부를 안 해도 된다고 하거나 공부를 방해해도 학습 의욕이 떨어진다. 아이는 그 나이에 맞는 학습 경험을 해야 사회에서도 제 역할을 할 수 있다는 점을 염두에 두고 공부에 대한 성취 압력을 적절하게 사용해야 한다. 특히 주 양육자가 모두 비슷한 정도의 성취 압력을 가하는 것이 중요하다. 한 사람은 공부하라고 외치고 한 사람은 공부는 다 때가 되면 하게 된다고 하면, 아이는 공부 안 하는 쪽으로 숨는다.

2) 성취 압력을 주변에서도 적절하다고 이야기하는가?

어떤 부모는 아이에게 주는 성취 압력이 적절하다고 생각하지만, 주변 사람의 눈에는 적절하지 않을 수 있다. 부모가 아이에게 행하는 성취 압력이 적절한지 점검해 볼 필요가 있다. 일주일 동안 아이에게 공부하라는 말을 한 빈도와 강도를 메모해서 점검해 보면 된다. 항상 압력이 높으면 "우리 엄마는 원래 그래, 맨날 공부만 하래…" 등 아이의 불만만 쌓이고 공부를 놓아 버리는 방향으로 가기도 한다.

3) 아이의 자율성을 인정하는가?

아이의 자율성을 인정하지 않으면 학습 경험을 하기 어렵다. 어릴 때 아이는 무엇이든 성인인 부모보다 느리다. 이때 답답하다고 아이가 직접 하게 두지 않고 부모가 나서서 문제를 해결해 주면 아이는 성장할 기회를 잃는다. 아이가 잘하지 못해도 혼자 하는 습관이 들어야 더 커서도 스스로 할 수 있는 능력이 길러진다.

4) 실패나 잘못에 대하여 관대한가?

아이의 실패에 대하여 추궁하면 움츠러들게 되고 틀릴까 봐 불안해하게 된다. 시험을 한 번 못 보았어도 관대하게 넘어가고 위로해 주면 아이가 다음에는 틀리지 않으려고 노력한다. 아이가 시험을 못 보았을 때 심하게 나무라면 아이가 시험 불안을 겪을 수 있다. 시험뿐 아니라 매사에 아이의 실수에 관대해져야 아이가 실패를 두려워하지 않게 되어 도전하는 사람으로 성장한다.

5) 다른 집 아이나 형제자매와 비교하는가?

아이를 다른 아이와 비교하면 자존감이 떨어지고 부모를 불신하게 된다. 무의식중에 하는 "언니는 안 그러는데 너는 왜 그러니?" 같은 말은 아이를 훈육하려는 원래의 의도를 벗어나 관계를 악화시키고 아이의 자존감을 떨어뜨린다. 아이가 잘하는 것을 발굴해서 칭찬하고, 나무랄 때는 비교하지 말고 단호하게 나무라야 한다.

성장 배경 요인

6) 아이가 성취를 위해 노력해 왔나?

아이가 공부를 해야겠다는 생각과 실천 정도가 낮은 경우도 많다. 별로 공부하고 싶은 생각이 없어서 하지 않는 경우다. 숙제를 하지 않아도 아무 경각심이 없고 공부에 대한 걱정이 전혀 없는 아이는 전 세계의 유명 축구선수 이름은 다 외우면서 숙제는 기억 못 하기도 한다. 이런 학생은 이제부터라도 학습에 관심을 가질 수 있도록 상담을 받아야 한다. 일단은 학교 담임 선생님과 상담을 하고 다음 단계를 마련해야 한다.

7) 아이가 받아 온 수업은 학생의 수준에 맞았나?

아이가 선행 학습을 많이 해서 실제 학교 학습이 대충 이루어지는 경우가 많다. 아이는 아는 내용이라고 생각하지만, 사실은 잘 이해하지 못했거나 잘못 이해한 경우도 많다. 선행 학습을 하고 있는 아이의 학교 성적이 떨어지고 있다면 선행을 끊고 복습 중심의 학습과 가벼운 예습으로 지금 배워야 할 공부에 집중해야 한다. 그리고 선행 학습을 하는 사이에 발생한 학습 결손을 겸손한 마음으로 메워야 한다.

8) 초등학교 또는 중학교 때는 성적이 좋았나?

과거의 학습 결손이 현재 학습 장애로 나타날 수 있다. 이전 학교급에서 성적이 좋지 않았는데 현재 학교급에서 공부를 잘하기는 어렵다. 공부는 과거에 누적된 결과에서 더 높고 깊게 쌓아가는 것이기 때문이다. 지난 학교급에서 성적이 좋지 않았다면 그 시기에 배운 것들을 다시 공부해야 한다.

9) 아이의 전학 등이 잦아 기본적 태도를 갖추기 어려웠나?

전학이 잦아 학습 결손이 발생했거나 적절한 교우 관계가 맺어지지 않았을 수도 있다. 전학 같은 사정 때문에 만들어진 학습 결손 또한 신경 써서 메워야 한다. 교우 관계가 학습에 영향을 끼치고 있다면, 공부를 잘하고 있는지에만 관심을 두기보다는 아이가 학교에 가서 어떤 친구와 어울리고 무엇을 했는지 관심을 기울이자. 아이의 친구를 집으로 초대해서 같이 노는 모습을 봐 주면 상황이 좋아진다.

10) 아이가 공부 방법에 대해 지도를 받지 못하였나?

저학년에서 학습 방법을 익히지 못해 어떻게 공부해야 하는지 아예 모르는 경우가 많다. 저학년 때 책상에 앉아 있는 습관이 덜 든 아이. 글씨를 너무 느리게 써서 필기를 못 하는 아이, 숙제를 안 해가도 나무라지 않았던 담임 선생님의 영향으로 숙제를 안 하는 아이 등 다양한 학습 방법 지도의 부재가 있을 수 있다. 공부 내용 뿐만 아니라 공부법에 대해 관심을 갖고 관찰하여 학교 담임 선생님과 상의하면 좋아질 수 있다.

현재 상태

11) 자기에 대한 신뢰감이 있으며 낙관적인가?

자기에 대한 신뢰감은 자존감이다. 자존감은 스스로를 존중하는 마음으로, 좋은 학습자는 자존감이 높다. 자신에 대한 신뢰감이 충분하다는 것이 좋은 학습자의 특징이다. 낙관적 태도를 가지고 있으면 자존감을 높이는 데 도움이 된다. 자신의 장점을 떠올리고 약점도 장점으로 바꿔 자랑스러운 생각을 하는 연습을 하면 도움이 된다.

12) 학업에 대한 불안이 있거나 목표 달성에 어려움을 겪는가?

아이가 공부가 어려워진다든가 시험을 못 봤다든가 하는 이유로 공부에 대해 불안감을 느끼고 있을 수 있다. 새 학년이 되자 공부가 갑자기 어렵게 느껴지는 것도 불안감을 부추기는 원인이다. 공부가 어려워지니 계획을 세웠는데 실제로 달성하는 데 어려움을 겪을 수도 있다. 지금 진도의 공부 내용을 점검하고 이해하는 시간을 충분히 가지고, 수준에 맞는 문제를 풀어 성공 경험을 하게 하고, 무엇보다 적절한 공부 계획을 세워 실천해야 한다. 특히 계획이 과도하여 완수에 실패하지 않도록 유의하자.

13) 학교에서 배우는 과목에 흥미를 갖고 있나?

학생이 학업에 흥미를 느끼지 못하는 이유 중 하나는 학교 교육과정에서 배우는 과목에 흥미가 없기 때문인 경우도 있다. 고등학교 1학년 때까지는 배우는 과목이 대부분 동일한데 수학도 싫고 영어도 싫고 과학도 싫으면 결국은 학습 부진으로 이어진다. 학생이 부담을 느끼는 과목은 쉬운 수준부터 다시 시작해야 한다. 또한 멘토를 통한 학습 동기 부여가 필요하다. 공부를 잘한다는 것은 싫어하는 과목, 소홀히 하는 과목이 없다는 말과 같다.

14) 자기 주도적으로 학습하는가?

공부는 스스로 계획을 세워서 실천해야 잘하게 된다. 그래서 계획표를 만들어 실천하는 일이 공부에서 가장 중요하다. 아이가 계획을 세우면 계획이 시간과 분량 면에서 적절한지, 실천할 수 있는지를 부모가 같이 점검해야 한다.

15) 공부를 하지 않을 핑계를 대려고 하나?

공부가 싫어지면 무슨 핑계를 만들어서라도 공부를 하지 않으려고 한다. 오늘은 배가 아프고 내일은 갑자기 대청소를 해야겠다는 둥 계속 핑계를 대면 단호하게 대처해야 한다. 일정 기간 봐주지 않고 아이가 습관이 들 때까지 단호하게 대처해야 나쁜 습관에서 벗어날 수 있다. 공부하고 싶은 마음이 있어도 다른 일을 먼저 생각해서 실천을 못 하는 아이도 있다. 공부하고 싶은 마음은 있는데 머리로는 온통 다른 생각만 하고 있는 아이도 많다. 이 경우에도 학생이 공부 계획을 세우고 실천하도록 약속하고 잘했을 때 보상을 하면 효과를 볼 수 있다.

관계

16) 선생님과 원만한 관계를 유지하고 있나?

좋은 학습자는 선생님과 좋은 관계를 맺고 선생님을 신뢰한다. 온라인 상황에서 선생님과 가까워지려면 단정한 복장으로 시간 안에 접속해서 기다리고, 질문에 답을 빨리하고, 과제를 제때 제출하고, 선생님이 나오는 화면을 잘 들여다보면서 눈을 맞추는 등 칭찬받을 태도를 보이면 선생님의 칭찬을 받게 되고 관계가 원만해진다.

17) 부모와 원만한 관계를 유지하고 있나?

부모에 대한 반감은 학습 의욕을 떨어뜨린다. 관계 개선을 위해서는 부모의 노력이 필요하다. 아이의 이야기를 잘 들어 주고 믿어 주고 칭찬해 주면 아이와의 관계가 좋아진다. 보통 관계는 채찍만 들이대기 때문에 나빠지는데 당근과 채찍이 동시에 필요하다는 것을 염두에 두어야 한다. 잔소리만 하면 결국 관계가 악화되고 그대로 사춘기를 지나면 관계 회복이 쉽지 않다. 평소 아이의 자존감을 살려주면 아이가 부모에게 어려움을 이야기하는 관계가 된다.

18) 공부보다 친구를 더 좋아하나?

공부하지 않는 아이들 중에는 친구와 어울릴 생각, 친구와 어울려 하는 게임, SNS 등에 빠진 아이들이 많다. 아이에게는 친구와 함께 하는 시간이 물론 소중하지만, 공부는 공부대로 시간을 확보해서 소홀히 하면 안 된다는 사실을 아이가 각성해야 한다. 그런 점에서 가까운 친구가 학습에 적극적인지 확인해 볼 필요가 있다. 때로는 친구들은 공부하려고 하는데 우리 아이가 놀기만 하려고 할 수도 있으므로 관찰이 필요하다.

19) 아이의 또래 집단은 학습에 대해 적극적인가?

공부에 대한 관심이 많은 친구들과 어울리면 공부에 관심이 커진다. 평소 대화를 할 때도 화제의 중심이 공부에 있다. 함께 그룹 스터디를 하기도 하면서 학습 효율이 높아진다. 그러므로 아이의 친구들 성향을 파악할 필요가 있다.

계획과 실천

20) 계획을 세워 생활하는가?

계획표를 만들어야 골고루 학습할 수 있고 시간을 효과적으로 쓰게 된다. 계획을 세우지 않으면 좋아하는 것만 공부하게 되거나 과제만 해결하고 복습 또는 혼자 해야 할 공부를 하지 않게 된다.

21) 성취 목표는 실현 가능한가?

계획을 세웠을 때 무리하게 시간과 분량을 잡으면 실천이 안 된다. 실현 가능성이 낮은 과도한 목표는 좌절로 이어진다. 아이가 목표를 적절하게 세워 실현 가능성이 높아지도록 계획 단계에서 부모가 함께 검토해야 한다.

22) 이루려고 하는 학습 수준은 적절한가?

아이의 현재 수준보다 두 단계 이상 높은 수준의 문제를 붙들고 있으면 시간이 지나도 해결할 수 없다. 자기 수준보다 어려운 수준의 문제를 풀다 좌절할 수 있다. 한편, 약간의 도전은 필요하다. 늘 쉬운 문제를 빨리 풀어내는 것만으로는 실력이 늘지 않는다. 아이가 풀고 있는 문제집을 살펴보자. 노력해도 안 풀리는 문제 수가 많다면 수준을 한 단계 낮춰야 한다.

23) 계획대로 실천이 안 되고 학업 능률이 오르지 않아 고민인가?

계획대로 실천이 안 되면, 계획한 분량을 공부하기가 어려운 원인을 찾아야 한다. 계획한 양이 지나치게 많다든가 문제가 수준에 맞지 않다든가 하는 다양한 원인이 있을 것이다. 지난 시기의 학습 결손도 확인해야 한다. 학업 능률이 오르지 않는 원인을 찾았으면 그 원인을 수정할 계획을 세우는 것이 우선이다.

24) 학업 습관에 문제는 없는가?

'공부할 때 음악과 같은 백색 소음이 있어야 집중이 된다, 자정이 지나야만 공부가 된다.' 등 효과적이지 않다고 알려진 공부법은 수정할 필요가 있다. 시험 시간에는 음악을 틀 수 없고 시험은 낮에 본다. 시험 시간에 할 수 있는 자세로 공부를 할 수 있도록 해야 한다.

25) 노력한 만큼 성적이 나오지 않는가?

시험 준비와 관련한 문제점을 파악해야 해야 한다. 개념·원리를 모르고 무작정 외우면 응용문제를 풀 수 없다. 특히 수행 평가나 서술형 시험은 개념·원리를 모르면 좋은 성적을 받기 어렵다. 또한, 아는 문제만 풀고 모르는 문제는 넘어가면 절대 성적이 좋아지지 않는다. 문제집을 풀고 나서 틀린 문제를 맞히기 위한 노력을 하지 않고 다른 문제집으로 넘어가면 노력이 실력이 되지 않는다. 틀린 문제를 검토한 다음 이해가 되었으면 오답 노트를 정리할 필요가 있다. 왜 틀렸는지를 아는 게 다른 문제를 푸는 데 도움을 준다.

26) 공부할 수 있는 환경인가?

주변 정리는 학습에 영향을 준다. 화장품, 게임기 등 공부를 방해하는 다양한 요소가 주변에 있으면 공부하다 자꾸 눈이 가서 집중을 방해한다. 책상 옆에 바로 침대가 있으면 눕고 싶어진다. 책상을 두고 식탁에서 공부하는 습관도 좋은 습관은 아니다. 아이가 학습하는 환경에 대한 주의를 소홀히 하지 말자.

27) 이전 학년에서의 학습 결손은 없는가?

계획대로 공부하지 못하는 이유가 이전에 배운 것을 모르기 때문일 수 있다. 과거의 학습 결손을 메우지 못하고 진급하면 새로운 개념을 이해할 수 없다. 지난 학년에 성적이 좋지 않았다면 그 학년 교과서를 다시 이해하는 공부를 해야 한다. 다시 할 때는 시간이 오래 걸리지 않으므로 주저하지 말고 일단 시작하는 것이 최선의 해결책이다.

온라인 상황

28) 온라인 수업 때문에 성적이 떨어지나?

학교 등교 수업 때는 아무 문제가 없었는데 온라인 수업을 하자 수업이 이해가 안 되고 성적도 안 나오는 경우라면, 학습에 임하는 자세, 즉 태도의 문제를 개선해야 한다. 예습을 하지 않아 대충 듣고 지나가거나 수업보다 게임에 눈이 가는 등 집에서 전혀 집중하고 있지 않을 수 있다. 공부를 잘하던 아이들도 컴퓨터 앞에서는 유혹에 무너질 수 있다. 전체적으로 학습을 관리하면서 자기 주도적으로 하는 공부력을 높이는 수밖에 없다.

29) 온라인 수업에서 요구하는 학습 활동에 참가하는가?

2015 개정 교육 과정에서는 주로 활동을 통하여 학습 경험을 하도록 교과서가 구성되어 있다. 그래서 유난히 학습 활동이 많다. 온라인 수업 때 학습 활동을 제시하고 등교 수업에서 확인하는 방식으로 진도를 나가는 학교도 많다. 학교생활기록부에 등재 여부와 무관하게 학습 활동을 잘 따라가야 등교하더라도 좋은 성과를 낼 수 있다.

30) 등교 수업 전에 온라인 수업 내용을 숙지하고 있나?

등교 수업은 온라인 수업 때 학습한 것을 전제로 다음 단계 진도를 나간다. 온라인 수업에서 이해가 되지 않은 채로 학교에 가면 수업 내용을 이해할 수 없다. 따라서 온라인 수업에서 배운 것을 복습하고 등교 수업에서 배울 것을 예습했는지 점검해야 한다. 온라인 수업은 중간중간 이해도가 떨어질 수 있다. 온전히 자기 주도 학습을 할 수 있을 때까지는 부모의 관심이 필요하다.

31) 등교 수업 때 선생님이 강조하는 것을 파악하고 있나?

온라인에서 한 수업 내용 중 중요한 부분은 등교 수업 때 다시 강조할 가능성이 크다. 중요한 내용을 학생이 이해하고 있는지를 확인해야 다음 진도에서 결손이 없기 때문이다. 강조한 부분은 시험에서 확인할 가능성도 높다. 시험 문제로 나온다는 뜻이다.

미래

32) 아이가 어떤 사람이 되기를 바라나?

아이가 구체적으로 어떤 공부를 얼마나 하기를 바라는지, 그런 모습이 바람직한지 등을 써 보면 아이에게 충고를 할 때 기준이 생긴다. 아이의 행동 하나하나에 부모의 기준을 만들어 보고 아이의 미래로 설계해 볼 필요가 있다. 물론 아이가 성취 가능한 수준이어야 한다.

4장

블렌디드 러닝,
온오프라인
혼합 시대의
공부법

공부 잘하는 아이들은 모두
기본이 탄탄하다

코로나19로 인해 등교하지 않고 온라인으로 학습하는 상황이 갑작스럽게 시작되었지만, 이미 학교는 쌍방향 온라인 수업까지 진행할 정도로 발전했다. 미국 대학 미네르바 스쿨은 미래 대학의 새로운 모델이 된 지 오래다. 국가평생교육진흥원에서 진행하는 한국형 온라인 공개강좌 'K-MOOC'로 학점을 따고 대학 졸업장을 받는 것은 물론, 석사 과정까지 공부할 수 있게 되는 날이 머지않아 보인다. 앞으로의 공부 방향은 팬데믹 상황에서 벗어나더라도 '블렌디드 러닝blended learning'이라고 하는 온오프라인 혼합방식이 정착될 듯하다. 그러니 이에 맞추어 공부법도 바뀌어야 할 것이다.

교과별 공부법을 알아보기 전에, 일반적으로 '공부법' 하면 짚고 넘어가야 하는 중요 요인들을 살펴보자. 앞에서 다룬 내용도 있지만, 그만큼 학습의 기본이 되는 것이니 꼼꼼히 다시 한번 살펴보고, 혹시 부족한 부분이 있나 확인해 보자.

공부의 기초를 만드는 6가지 체크포인트

동기 부여가 되고 있나?

공부할 마음이 드는 것이 동기 부여다. 꿈이 생겨서 그 꿈을 이루겠다고 할 수도 있고, 지적 허영심이 생겨 공부하겠다고 할 수도 있다. 칭찬을 받기 위해서 공부할 수도 있다. 이런 여러 요인이 복합적으로 작용해서 공부에 대한 의욕이 생긴다.

어휘력은 충분한가?

영어에서 단어를 모르면 이해가 안 되는 것처럼 다른 모든 과목도 어휘력이 부족하면 이해가 안 된다. 시를 배우는데 '자유시, 내재율'과 같은 어휘를 모른다면 수업을 이해할 수 없다. 다음 시간에 배울 내용을 점검해 보면서 모르는 어휘가 있다면 국어사전을 찾아보아야 한다. 모르는 단어의 뜻을 대충 짐작만 하고 유추해서 넘어가버리면 정확한 지식으로 저장하기 어렵다.

복습을 충분히 하고 있나?

범위가 있는 시험은 범위의 시작부터 끝까지만 잘 공부하면 좋은 성적을 받을 수 있다. 그러나 수업을 이해하거나 수능 시험을 보는 공부는 좀 더 긴 기간 동안 배운 것을 기억하고 있어야 한다. 그런데 과거에 배운 것을 장기 기억으로 남기는 방법은 복습뿐이다. 예습만큼 복습을 충실히 해야 다음 진도도 이해가 될 뿐 아니라 성적도 향상된다.

노트 필기를 잘하고 있나?

노트 필기는 언제 이야기하더라도 가장 중요한 학습 포인트다. 온라인 학습은 학습 화면이 내 생각보다 더 빨리 지나갈 수도 있고, 내가 궁금했던 내용을 놓칠 수도 있다. 그래서 필기를 하면서 들어야 수업의 스토리를 이해하기 쉽고, 다른 생각이 드는 것도 예방할 수 있다. 필기는 무엇보다 '개념' 위주로 해야 한다는 것을 명심하자. 개념을 알고 공부해야 기억에도 남고, 기초 개념으로 상위 단계 학습에서 공식을 유도할 수도 있다. 시험 문제를 풀 때도 개념을 적용하게 되므로 개념은 학습 성취 판단의 기준이 된다.

평소 독서를 꾸준히 하고 있나?

독서는 어느 방면에서 이야기하더라도 중요한 부분이다. 공부는 독서를 통하여 이루어진다. 독서도 꾸준함이 미덕인 장르다. 어느 날 갑자기 많이 읽을 수 없으므로, 매일 조금씩이라도 읽는 습관을 들여야 한다. 아이가 책 속에서 많은 것을 배울 수 있게 이끌어주자.

학습 내용을 재구성하고 있나?

공부한 내용을 내가 원하는 구조로 재구성해서 자신의 역량 안에 넣어야 한다. 앞에서 소개한 목차를 만들어보는 방식이나, 생각그물로 전체를 구조화하는 방식, 혹은 백지에다가 이해한 내용을 적어보는 방식 등 제일 자신 있는 것으로 하면 된다. 수업은 직선적으로 이어져 있지만, 지식은 하이퍼링크로 이어져 있다. 배운 내용을 잘 정리해 보면 자신의 지식으로 재구성된다.

온라인 학습의 기초를 점검하는 7가지 체크포인트

자기 관리가 잘 되고 있나?

자기 주도 학습은 '자기 주도 생활'에서 비롯된다는 말이 있다. 온라인 공부는 특히 게임과 SNS가 아주 가까이 있으므로 유혹에 빠지기 쉽다. 예습도 해야 이해가 되는데 이런 모든 것이 자기 관리에서 비롯된다. 스스로를 통제할 수 있는 연습, 유혹을 뿌리치고 해야 할 일을 해내는 연습을 하다 보면, 어느 순간 경지에 이르러 자기 관리를 잘하고 있는 아이를 발견할 수 있다.

공부 계획을 세우고 실천하나?

오늘 할 공부는 시작 전에 미리 계획하고, 하루를 마치고 난 뒤에는 점검해야 한다. 못다 한 공부가 있다면 언제 보완할 것인지도 점검을 통해 시간을 분명히 정해야 한다. 매일 계획을 세우고 실천하지 않으면 아무거나 하고 싶은 것만 공부하게 된다. 나가야 하는 진도와 해야 할 양을 가늠해서 과목별로 골고루, 적정량을 분배하는 것도 학습 능력 중에 하나다.

학습 공간과 휴식 공간을 분리하였나?

집에서 온라인으로 학습하는 공간을 정해 두고 그곳에서는 공부만 하고, 쉬는 시간에는 휴식 공간을 이용한다. 이 말은 학습 공간과 휴식 공간이 같으면, 침대에 누워서 태블릿으로 수업을 듣는 최악의 상태가 될 수 있다는 우려에서 하는 말이다. 또한 공부할 때 공부하고 쉴 때 쉬어야 한다. 수업이 진행될 때에는 집중해서 들어야 하고 쉬는 시간에는 눈의 피로로 풀고 화장실도 정해진 쉬는 시간에 가는 것이 좋다. 계획표에 쉬는 시간을 명시하고 반드시 휴식해야 한다. 오늘만 온라인 수업을 하고 마는 것이 아니므로 장기적으로 온라인 수업을 하게 될 때를 대비해야 한다.

학습에 방해되는 요소를 멀리 두었나?

자꾸만 신경을 쓰게 되는 장난감, 화장품 등이 가까이 있으면 집중에 방해가 된다. 공부 공간에 반려동물이 들어오는 것도 집중에 방해가 된다. 공부와 무관한 것은 손이 닿지 않는 곳에 두거나 보이지 않는 다른 공간에 두는 것이 좋다.

수업 전 준비물을 챙겼나?

교과서, 수업 내용을 정리할 공책, 필기구를 미리 준비하자. 필기구는 썼다 지울 수 있는 샤프펜슬 외에 삼색 볼펜과 형광펜도 준비하는 것이 좋다. 온라인 수업에서 선생님의 설명이 잘 들릴 수 있도록 스피커는 켜져 있는지, 인터넷 연결이 끊기지는 않는지도 미리 점검해 보아야 한다.

온라인 수업에서 자기를 선생님과 친구에게
각인시키려고 노력하나?

온라인 수업에서 좋은 질문을 하면 선생님과 친구가 기억하고, 수업의 촉매 역할을 도맡게 된다. 선생님의 머리에는 학습에 관심이 많은 학생으로 기억되고, 이런 점이 교과 세특에 기록되면 대입에서도 좋은 평가를 받을 것이다. 과제 잘하기, 모둠 활동에 잘 참여하기도 중요하고, 단정한 복장과 자세로 참여하는 것도 중요하다. 녹화 수업에서는 댓글 달기, 질문하기를 활용할 수 있다.

교과서 목차 등을 참고하여 배울 내용의 구조를 파악하고 있나?
교과서 목차를 복사해서 책상 옆에 붙여두고 지금 어디를 배우고 있는지, 내용은 어떤 구조로 되어 있는지, 이전 학년에는 언제 배웠는지, 기억은 나는지 등을 점검해야 한다.

종합적인 의사소통 역량을 기르는 국어 공부법

우리는 왜 국어를 배울까? 궁극적인 목표와 이유는 의사소통 능력을 갖추기 위함이다. 의사소통 능력은 실용적 의사소통과 문화적인 의사소통으로 구분된다. 사업에 필요한 의사소통을 하는 경우라면 거기에 맞는 실력을 갖추어야 하고, 교양 있는 사람들과 교류하는 자리라면 거기에 맞는 의사소통 실력을 가져야 한다. 이런 의사소통 역량을 기르는 것을 목표로 듣기, 말하기, 읽기, 쓰기와 문학과 국어 지식을 배운다. 국어를 잘한다는 것은 각각의 학습을 잘 수행할 뿐 아니라 최종적으로는 종합적인 의사소통 역량을 갖추는 것을 의미한다.

다른 사람의 말을 잘 이해하는 능력이 일단 국어 능력의 기본이다. 모국어 사용자는 글자를 몰라도 라디오 방송을 듣고 내용을 파악할 수 있다. 그런데 내용이 어려워지거나 지나치게 전문적인 내용이 나오면 이해하지 못한다. 온라인 수업도 마찬가지다. 말은 알지만, 내용은 모르면 이해를 못 하는 것이므로 안다고 할 수 없다. 내용을 알기 위해서는 배경 지식이 있어야 한다. 온라인 학습의 배경 지식은 예습에서 나온다. 들은 내용뿐 아니라 읽은 내용도 같은 방식으로 이해해야 한다. 그리고 이해한 내용을 요약해서 전달할 수 있다면 잘 이해한 것이다. 학교 공부에서 1시간 수업을 하고 그 시간에 학습한 내용을 간단히 이야기로 전할 수 있다면 최고 수준의 학습자다. 이런 내용을 글로 쓸 수 있다면 상위 10% 안에 드는 학습자다. 반에서 지난 시간에 배운 내용을 글로 표현할 수 있는 학생이 과연 몇 명인가 보면 알 수 있다.

국어 공부는 학교 수업이 특히 중요하다

수업에 집중해서 참여하고 있는가?

지필 평가, 즉 중간고사와 기말고사는 선생님이 출제하므로 수업에 집중해야 선생님이 중요하다고 강조한 부분을 중심으로 내용을 정확히 이해할 수 있다. 학원이 출제자인 선생님보다 출제 경향을 더 잘 알 수는 없다. 학교 시험을 잘 보기 위해 '학교 수업'이 중요한 이유다. 온라인 수업은 진도가 평소보다 빠르게 나가는 경향이 있어 수업 집중도가 더욱 중요해졌다. 수업 참여 중 내용을 정리하면 나중에 복습하는 데 크게 도움이 된다. 집중해서 듣다가 모르는 내용은 등교 수업을 할 때 선생님께 물어보면 정확한 설명을 들을 수 있다.

수업 내용을 꼼꼼하게 필기하고 있나?

국어 수업에서도 필기는 중요하다. 논설문을 공부한다고 예를 들자면, 어휘 수준의 학습, 문단 수준의 내용 파악 및 요약, 전체 글의 구조, 핵심단락과 보조단락, 진술 방법과 설득 전략의 특징, 주제를 한 문장으로 나타내는 방법 등 선생님의 수업 흐름에 따라 필기를 하면 이후 복습이 용이하다.

이해가 안 되는 부분을 해결하려고 노력하고 있나?

이해 안 되는 부분을 정확하게 파악하는 것만으로도 이미 실력이 있는 학생이다. 자신이 아는 것과 모르는 것을 구분할 수 있는 능력을 '메타인지'라고 하는데, 모르는 것이 무엇인지를 알면 그것을 보완하기 위해 힘쓸 수 있기에 자연스레 학습 성과가 좋아진다. 공부를 잘 하는 학생들은 메타인지가 뛰어난 학생들이라는 연구 결과도 있다. 그러니 모르는 것이 무엇인지 알려고 해야 하고, 모르는 내용을 파악한 다음에는 그 내용을 알기 위해 노력해야 한다. 자신이 모르는 부분을 보완하기 위한 계획과 그 계획의 실행과정을 평가하는 것 전부가 메타인지라고 볼 수 있다.

등교 수업에 참여하기 전에
온라인 수업에서 공부한 내용을 숙지했나?

등교 수업 때는 온라인 수업에서 공부한 내용을 다 이해하고 있다고 전제하고 수업이 이루어진다. 정해진 진도가 있으므로 등교 수업에서 이전 내용을 다시 가르치지 않는다. 그러므로 이전 학습에 대한 결손이 있다면 등교해서도 공부 진도를 따라가기 어렵다. 간헐적 등교에 이어 매일 등교가 진행된다면 등교 전에는 반드시 온라인 수업 때 공부한 내용을 복습하고 가야 한다.

단원의 학습 목표를 염두에 두고 학습하고 있나?

무작정 공부하는 시대를 지나 지금은 성취 기준을 중심으로 학습하는 시대가 되었다. 성취 기준이란 학생이 도달해야 하는 학습의 기준점을 말하는데, '무엇을 할 수 있다.'라는 형태로 제시되어 있다. 교과서에서는 이것을 '학습 목표'로 만들어 제공한다. 국어 이외의 과목은 학습 목표가 내용과 관련이 깊어 보이는데 국어는 그렇지 않아 보인다. 그것은 국어 시험 문제가 학습 목표 밖에서도 출제되기 때문이다. 그래도 학습 목표는 염두에 두고 공부해야 한다. 수행 평가는 학습 목표를 벗어나지 않는다. 또한, 학습 활동은 학습 목표에 따라 구성되는 경우가 대부분이기 때문에 학습 목표를 알고 공부해야 학습 활동을 잘 할 수 있다. 특히 학습 활동은 서술형이나 주관식 문항의 출제에 활용되는 경우가 많다는 사실에 유의하도록 하자.

기초·기본 개념을 잘 이해하고, 외울 것은 외우고 있는가?

초등학교 단계에서 배우는 사실과 의견 및 주장의 개념 구분에서부터 중학교 때 배우는 삼단논법, 두괄식과 미괄식 구성, 기승전결, 중심 문장과 뒷받침 문장의 구분 등의 전체적인 개념을 이해하고 있어야 한다. 모르는 개념이 나오면 물어보거나, 뒤로 돌아가서 확인해야 한다.

또한 국어에 암기는 없을 것 같지만, 문법이나 고전문학에서는 외워야 하는 것도 많다. '구개음화'를 예로 들면, 어떤 자음이 어떤 모음과 만나 어떻게 발음이 변하는지를 외워야 한다. 그러나 외우기가 앞서서는 곤란하고 이해가 우선이다. 국어는 읽고 사고하는 능력을 평가하므로 이해가 안 되면 외워봐야 소용이 없다. 이해한 뒤, 꼭 외워야 할 것은 외우는 것으로 학습을 마무리하면 된다.

출제자가 제시한 조건에 맞게 글 쓰는 연습

학교 시험에서 좋은 성적을 내야 한다고 생각하고 있나?

학교 시험은 잘 보겠다는 마음이 있어야 잘 보게 된다. 당연한 말인 듯 싶지만, 마음가짐에 따라 결과가 달라진다. 중학교에서는 국어 성적이 나쁘다고 고등학교에 못 가는 것도 아니니 시험은 대충 봐도 된다고 생각한다. 고등학교에 가서는 학생부 위주 전형에 지원할 성적이 아니므로 수능에 치중해서 공부한다고 마음먹는다. 학교 성적은 수능에 반영이 안 되니 수능에서 좋은 성적을 내기로 결정하고는 학교 시험은 포기한다면 절대로 좋은 성적을 거둘 수 없다. 간과하지 말아야 할 것은 국어 시간에 배운 모든 것이 평가 대상이 되고, 평가 결과가 학교 성적으로 나타나며, 그것이 수능으로 이어진다는 것이다. 학교 공부를 열심히 하고 학교 시험은 포기했다면 모르지만, 학교 공부를 제대로 하고 시험을 포기하지 않는다면 성적이 나쁠 리가 없다. 학교 성적이 나쁘면 수능을 잘 보기도 어렵다. 내신을 포기한다는 것은 함부로 판단할 일이 아니다. 학교 시험을 잘 봐야 수능 시험도 잘 볼 수 있기 때문이다.

서술형 답을 쓸 때 문제의 요구를 빠짐없이 반영하는가?

시험의 기본은 묻는 말에 '정확한' 답을 하는 것이다. 자기가 문제를 만들어 답을 쓸 수는 없다. 결국 출제자가 제시한 조건을 고려하여 답안을 써야 한다는 뜻이다. 예를 들어 문제에서 제시한 조건이 '비유적 표현을 사용할 것, 본문에 제시되지 않은 사실 두 가지를 근거로 삼을 것'이라면 이 조건들을 모두 충족하는 답안을 써야 한다. 따라서 조건에 맞게 글을 쓰는 연습을 해야 하고, 맞춤법과 띄어쓰기까지 감점 요소가 될 수 있기에 맞춤법과 띄어쓰기에 대한 이해도 필수적이다.

수행 평가에 성실히 참여했나?

국어 수행 평가의 항목은 독서, 토론, 글쓰기, 발표, UCC 만들기 등 다양하게 구성될 수 있는데, 수행 평가 시 유의해야 할 사항 중 첫째는 선생님이 제시하는 수행 평가의 과정에 적극적으로 참여해야 한다는 것이다. 둘째는 수행 평가가 모둠 활동인 경우가 많으므로 동료와 협력 관계를 잘 유지해야 한다는 점이다. 현행 교육 과정에서는 학교 시험 성적에서 수행 평가 비중이 작지 않다. 수행 평가는 등교 수업 때 집중적으로 실시하므로 온라인 수업 때 준비하는 과제가 있었다면 그때 적극적으로 준비해야 한다.

갑자기 어려워져도 당황하지 않는
수학 공부법

아이들은 학년이 올라가면 공부가 갑자기 어려워진다고 말한다. 공부가 갑자기 어렵게 느껴지는 이유는 새로운 개념이 등장하기 때문이다. 어릴 때는 11과 Ⅱ를 구분하는 것만으로도 신통하다. 같은 작대기가 두 개인데 어떤 것은 11이라고 해석하고 어떤 것은 2라고 해석할까? 자릿수 개념을 안다는 것은 아이가 추상성을 알게 되었다는 것을 의미한다. 초등학교 2학년이 되면 곱셈을 배운다. 구구단을 외워야 할 시기가 왔고, 당연히 어렵다. 4학년이 되면 다섯 자리 이상의 수가 나오고 분수, 소수를 배운다. 낯설어서 어렵다. 어린이의 생활 반경에서 흔히 볼 수 있는 수가 아니기 때문이다. 5학년이 되면 수학은 더 어려워지고, 일찌감치 수포자가 나오기 시작한다. 분모가 다른 분수의 덧셈과 뺄셈을 배우게 되는데, 너무 어렵게 느껴지기 때문이다. 1/2+1/3은 아무리 생각해도 2/5인 것 같다. 중학교에 가면 방정식과 부등식, 함수와 그래프 가 등장한다. 학년이 바뀔 때마다 수학이 갑자기 어려워진다고 말할 만하다. 이런 문제를 어떻게 해결할 수 있을까?

지난 학년에 배운 내용을 기억해야 한다

지난 학년에 배운 내용을 다 이해하고 있나?

수학은 누적성이 큰 과목이어서 지난 학년에서 배운 내용을 기억하고 있어야 현재 배우는 내용이 이해된다. 대부분의 학생들은 공부에 있어서는 엊그제 일이 기억나지 않는 할머니, 할아버지와 별로 다를 바가 없다. 배운 내용이 장기 기억으로 전환되지 않아 지식이 날아가 버렸기 때문이다.

수학을 잘 하려면 지난 학년에서 배운 내용을 기억하고 있어야 한다. 곱셈을 알아야 분수의 계산이 되듯이, 1차 함수, 2차 함수, 삼각함수를 잘 쌓아야 이후에 배울 고등학교 과정이 수월하다. 최소한 지난 학년과 현재 학년의 대단원 차례를 안 보고 기억할 수 있어야 한다. 기억나지 않는다면 그 손실을 메우는 작업이 필요하다. 지난 학년 교과서 목차를 복사해서 책상 옆에 붙여두고 보면 덜 잊는다.

학습 결손을 보완할 계획이 있나?

수학에 대한 기초 능력이 부족하면 현재 공부를 잘 이해하기 어렵다. 인수분해를 이해했다고 연산 연습을 하지 않은 학생은 방정식의 해를 구하는 과정에서 한계를 맞이하게 된다. 이렇게 학생이 특정 단원에서 어려움을 호소한다면 연결된 과거의 단원을 다시 공부해야 현재의 문제를 해결할 수 있다.

나중에 계산기를 쓰면 되므로 수학 공부에서 연산 연습의 비중이 적어졌다고 하지만 여전히 진도를 나가는 과정에서 수학 공부를 잘 하려면 연습이 필요하다. 수영 이론을 배운다고 해서 수영을 잘하게 되는 것은 아니다. 물속에서 오랫동안 훈련을 해야 수영을 잘하게 되는 것과 같은 이치다.

수학의 학습 결손은 빠르면 초등학교 3학년에서부터 시작되기도 하는데, 중학생도 곱셈과 나눗셈을 모른다면 공부를 새로 시작하는 방법 말고는 대안이 없다. 초3 단계 이후의 학습에서 배운 것이 있으므로 금방 복구된다. 학습 결손 복구는 시작이 반이다.

수학 용어를 잘 이해하고 있나?

수학 교과에서 사용되는 다양한 용어들은 수학적 언어로서 일상생활에서 사용하는 것보다 더 간결하고 정확한 의미를 담고 있지만, 이를 받아들이는 학생에게는 생소하고 모호하게 자리 잡는 경우가 많다. 중학생이 되면 방정식, 부등식, 소인수분해, 순환소수, 제곱근과 실수, 이차함수, 삼각비 등 새로운 용어가 끊임없이 등장한다. 용어들에 대해 분명히 이해하지 못하면 다음 단계에서 어려움을 겪는다. 예컨대, 확률과 통계에서 등장하는 순열, 조합, 이항정리, 확률분포, 통계적 추정 등과 같은 용어들을 뚜렷하게 설명하지 못해도 문제를 푸는 경우도 많다. 그러나 이러한 용어에 대해 분명히 이해하지 못한 채 문제만 많이 푸는 공부를 하다 보면 어느 순간 수학 학습에서 한계를 맞게 된다.

수학적 기호에 거부감은 없나?

수학은 기호를 이용해서 생각을 표현하고 문제를 해결한다. 수학에서 사용되는 기호에 대한 이해가 없으면 결국은 기호에 대한 거부감을 가지게 되고, 그 결과 수학을 싫어하는 상황에 이르게 된다. 새로 등장하는 낯선 기호들을 명칭을 아는 것은 물론 잘 그릴 수 있도록 연습하는 과정이 생각보다 중요하다. 그 기호가 처음 등장하는 개념을 공부할 때 함께 이해하면 완벽하게 정립할 수 있다.

풀이 과정을 수식으로 쓸 수 있나?

수학적 기호를 사용하여 비약 없이 풀이 과정을 쓸 수 있어야 수학을 잘한다고 할 수 있다. 국어 시간에 작문할 때, 논리적 전개를 하지 못하고 주장만 되풀이하면 좋은 글이 되지 않는 것과 같다. 풀이 과정을 누구나 알아볼 수 있게 명료하게 쓰는 것에도 연습이 필요하다. 평소 수학 문제를 풀 때, 아무 곳에나 아무렇게 쓰지 말고 공책의 반을 나눠 처음부터 논리정연하게 풀이를 쓰는 연습을 해야 한다. 이런 과정을 거쳐야 이후 만나게 될 서술형 문항에 대응할 수 있다.

학습 방법의 문제점을 찾아본 적이 있나?

어떤 과목이라도 학습이 잘 안 된다면 학습 방법을 점검해봐야 하는 것처럼, 수학도 잘 안 된다면 학습 방법을 알아보아야 한다. 개념 이해는 충실하게 하고 있는지, 수준에 맞는 문제를 풀고 있는지 등을 점검하고 과거에 배운 것을 몰라서 현재를 해결할 수 없는데 현재에만 매달리고 있는 것은 아닌지도 점검해야 한다. 새로운 개념을 배울 때 이해가 안 되면 이해가 될 때까지 생각해야 한다. 모든 개념을 가장 적절하게 설명한 책이 교과서다. 교과서를 바탕으로 꼼꼼하게 살펴보아야 하며, 그래도 이해가 안 되면 선생님께 질문해서 해결해야 한다. 자신이 가장 이해가 안 되는 내용은 무엇인지를 파악하고 질문을 해야 답을 얻을 수 있다.

문제를 시간 내에 풀어야 한다는 강박이 있나?

수학은 시간 내에 풀어야 점수를 잘 받을 수 있다. 연습 때야 시간에 구애받지 않고 생각해서 답을 낼 수 있지만, 시험은 그렇지 않다. 과거에 시간에 쫓겨 시험을 망친 경험이 있다면 이 실패 경험 때문에 강박적인 시험 불안이 생겼을 수도 있다. 그렇다면 시험 불안을 해소하기 위한 방안을 실행해 보아야 한다.

틀리면 다시 도전하고 싶다는 생각이 드나?

어려운 문제를 만났을 때 포기하고 싶다고 생각하는 학생이 대부분이다. 도전에는 많은 에너지가 든다. 골치가 아프기 때문이다. 그러나 공부를 잘하고 싶은 욕망이 있다면 도전하게 될 것이다. 공부를 잘하는 데 필요한 덕목은 '근성'이다. 어려운 문제가 있으면 그것을 푸는 내가 있다는 근성이 있어야 공부를 잘 하게 된다. 도전하다 보면 친구들은 풀지 못하는 문제를 해결했다는 자부심이 생기게 되고 다음부터는 나 말고는 그런 문제를 해결할 친구는 없다는 자랑거리가 마음에 자리잡게 된다.

풀리지 않는 어려운 문제에만 매달리지는 않나?

이전 시기의 학습이 완전하게 이루어지지 않았거나 현재 학습해야 할 수준보다 어려운 문제가 담긴 문제집을 풀게 되면 해결한 문제는 거의 없고 실패한 문제만 쌓이게 된다. 그러나 이런 수준의 문제까지 풀어야 할 필요가 없다고 판단된다면, 어려운 문제에만 매달려 괜한 실패 경험을 쌓을 이유가 없다. 그럼에도 불구하고 어려운 문제집만 고르는 아이가 있다. 시중 문제집 중에서 가장 어려운 문제집을 풀고 있는 모습을 친구들 앞에서 보여주고 싶기 때문이다. 이것은 아이의 허영심에서 비롯된 것이다. 이러면 문제는 풀고 있지만, 진짜 공부는 되지 않는 상태다.

수포자를 방지하는 고등학생 수학 공부법

고등학교 교육 과정은 과목을 선택해서 배우도록 설계되어 있으므로 수학과 과목의 위계를 알고 있어야 한다. 그리고 각 과목에서 다루는 분야를 알고 있어야 한다. 이 과목들 중에서 앞으로 자신에게 필요한 과목이 어떤 것인지를 파악해야 한다. 이 시점에서 과목 선택 설명회에 참석하고, 선택 안내서도 꼼꼼하게 보아야 한다. 자신의 진로 방향에 맞춰 필요한 과목을 알아본 뒤에는 반드시 선생님과 상의해야 한다. 사회과학계열로 진학하려면 미적분을 배워야지만 대학 가서 고생 안 한다는 것을 아무런 안내 없이 학생이 스스로 깨우칠 수는 없다.

고등학교 수학 과목		
2015 개정 교육 과정		
보통교과	공통 과목	수학
	일반 선택 과목	수학Ⅰ
		수학Ⅱ
		확률과 통계
		미적분
	진로 선택 과목	기하
		실용수학
		경제수학
		수학 과제 탐구
전문교과(과학계열)		심화수학Ⅰ
		심화수학Ⅱ
		고급수학Ⅰ
		고급수학Ⅱ

❖ 전문교과는 과학고·영재학교에서 배우는 과목임
❖ 과학고·영재학교 이외의 학교에서는 전문교과를 배울 필요는 없음
❖ 고 1학년 때는 공통 과목인 수학을 배움

고등학교 1학년 수학 과목 내용	
수학	
Ⅰ. 다항식	다항식의 연산, 나머지정리와 인수분해, 곱셈공식과 변형
Ⅱ. 방정식과 부등식	복소수, 이차방정식, 이차방정식과 이차함수, 여러 가지 방정식, 여러 가지 부등식, 이차부등식
Ⅲ. 도형의 방정식	평면좌표, 직선의 방정식, 원의 방정식, 도형의 이동
Ⅳ. 집합과 명제	집합의 뜻과 표현, 집합의 연산, 명제
Ⅴ. 함수	함수, 합성함수와 역함수, 유리식과 유리함수 무리식과 무리함수
Ⅵ. 경우의 수	경우의 수, 순열, 조합

고등학교 1학년 때 배우는 '수학' 과목은 초, 중학교의 모든 수학적 개념을 기본으로 삼는다. 그리고 2, 3학년에서 배우는 선택 과목의 기초에 해당하므로, 각 단원에서 다루는 개념은 매우 중요하다. 구체적으로 말하면, 다른 교과를 배우는데 사용되는 수학적 지식인 미적분학의 기본적인 개념, 기하의 기초적인 내용, 그리고 수학 논리의 기본과 확률과 통계의 기본인 경우의 수까지 담고 있다. 결론적으로 고등학교 수학을 잘 하기 위해서는 중학교 수학에서 학습 결손이 없어야 한다는 것을 알게 된다. 그래서 수학은 선행 학습에 힘쓰기보다 과거의 학습 결손을 회복하는데 중점을 두어야 한다고 강조하는 것이다.

고등학교 2학년부터 배우는 과목들은 다음과 같다. 가장 위계가 높은 과목은 미적분인데 이 과목은 이공계열 계통 공부를 할 학생뿐 아니라 경영, 경제 등 사회과학을 전공하는 학생에게도 필요한 과목

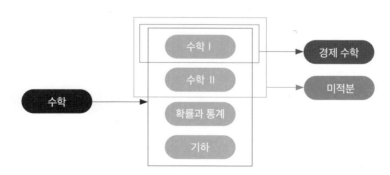

2015 개정 수학과 교육 과정의 계통도

이라고 '수학과 교육 과정 해설'에서 설명하고 있다.

2015 개정 교육 과정에서 문·이과를 통합한다는 말 뜻은 쉬운 수학과 사회만 공부하던 소위 문과생들에게 어려운 수학과 과학을 배우고 시험 볼 기회를 연다는 뜻이다. 그러다 보니 과거에는 이공계 진학자만 배우던 미적분 과목을 사회과학계열로 진로를 잡은 학생들도 배워야 하는 과목이 되었다.

온라인 학습 시대에
더욱 중요해진 영어 공부법

━━━━━━━● 수능 영어는 절대평가로 성적이 나온다. 90점 이상이면 1등급, 80점 이상이면 2등급이다. 상대평가를 하는 국어나 수학 영역은 1등급 4%, 2등급은 11%까지인데 동점자를 인정하므로 12% 정도가 2등급 안에 든다. 그런데 영어는 20% 내외가 2등급을 맞는다. 등급 맞기가 쉬운 영역이 영어다. 그런데 다시 생각해 보면, 초등학교 3학년부터 고등학교 3학년까지 꼬박 10년을 공부하고 응시하는 시험에서 80점도 못 맞는다는 사실은 인정하기가 어렵다. 그러나 영어 2등급 미만인 학생은 사교육 1번지라는 강남 8학군 소재 학교에서도 적지 않다.

수능 영어가 2등급도 나오지 않는 이유가 뭘까? 첫째는 영어로 된 글을 읽고 내용을 파악하지 못하기 때문이고 둘째는 시험 범위 안에 있는 내용만 외워서 성적을 낸 다음에는 기억에서 지워버렸기 때문이다.

대학 입시를 위해서도 영어가 필요하지만, 세계 지식의 80%가 영어로 만들어져 있고, 또 영어로 생산되므로 영어를 공부해야 온라인에 널린 지식의 바다에서 정보를 낚을 수 있기에 필요하다. 그리고 번역기의 성능이 좋아졌다고 해도 적절한 뉘앙스를 가진 말로 완벽하게 번역하지는 못하는 것이 현실이다. 수학 공부에서 계산기가 있어도 연산 공부를 해야 하는 것처럼, 번역기가 있어도 영어를 직접 사용하는 사람이 되기 위한 공부를 해야 한다. 글로벌 회사에 취직하면 같이 일하는 사람이 영어 전용 사용자일 수 있다. 사내 회의를 영어로 하기도 한다. 회의만 영어로 하는 것이 아니고 토론도 하고 부당한 지시에 항의도 한다. 회의록을 영어로 쓰고 사업계획서나 보고서도 영어로 쓴다.

영어 공부 시간의 가장 큰 비중을 차지하는 학교 영어 수업 시간에 영어를 잘 공부하려면 어떡해야 할까?

학교 영어 공부를 위해 지켜야 할 것

어휘 확장을 위해서 매일 일정량의 단어를 학습하고 있는가?

영어도 학년별로 외워야 할 어휘가 있다. 학년이 올라갈수록 어휘의 양이 점점 늘어나고 구문도 점점 어려워진다. 상용구도 외워야 한다. 외우고 잊지 말아야 하는 것은 기본이다. 이전 학년에서 배운 영어를 완벽하게 기억하고 있지 않으면 지금 영어 교과서를 쉽게 이해하기 어렵다.

보통 초등학교 3, 4학년 때 240여 개의 단어, 초등학교 5, 6학년 때 260여 개의 단어를 학교에서 배운다. 누계로 보면 500개 정도 된다. 중학교 때는 750개의 단어를 더 배워 누계 1,250개 남짓의 단어를 배우고 익혀 고등학교에 진학한다. 고등학교에 입학하기 전까지 초등학교 4학년까지 배우는 낱말보다 1,000개 정도의 낱말을 더 외워야 하는데, 이때쯤부터 학습 결손이 생긴다. 고등학교 1학년 때 배우는 공통 영어에서는 1,800개의 낱말이 등장하고, 고등학교 2학년에서는 수능 시험 범위인 영어Ⅰ, 영어Ⅱ를 배우는데 여기까지 총 2,500여 개의 낱말이 나온다. 고등학교 2학년 때 700개의 단어가 늘어나므로 이전 학년에서 대비해야 한다. 고등학교 2학년 때는 다른 과목도 학습량이 많아지기 때문에 시간이 많지 않다. 1,000개 이상의 단어를 하루아침에 외울 수는 없다. 매일매일 조금씩 쌓아나가는 게 중요한 이유다.

문장이 가진 구문상의 특징을 이해하고 있는가?

구문은 점점 복잡한 방향으로 어려워진다. 국어에서도 점점 복잡한 구문이 나오는데 영어 구문은 국어 구문보다 어렵지는 않으나 문장 특성이 국어와는 다르므로 교과서에 나오는 구문의 특징을 잘 익혀야 하며, 접속사의 개념을 분명하게 이해해야 한다.

문법 공부를 하고 있나?

수능에서 문법 문제가 많은 비중을 차지하고 있지 않아서 문법을 소홀하게 생각하는 학생들이 많다. 그러나 문법을 배우는 목적은 글을 바르게 읽고 쓰기 위한 것이므로 문법 학습에 소홀하면 문법 문제를 해결하지 못할 뿐 아니라 문장을 해석하는 데 어려움을 겪게 된다. 독해를 위해서 문법이 밑바탕이 되어야 한다는 것을 명심하자.

글을 이해할 수 있는가?

영어 공부의 최종 목적 중 하나는 글을 제대로 읽을 수 있는 수준까지 도달하는 것이다. 글은 읽을 수 있어도 내용을 이해하기 위해서는 배경 지식이 필요하다. 영어만 공부한다고 글의 내용을 알 수 있는 것은 아니라는 말이다.

배경 지식이 있어 글의 내용을 이해하는 데는 문제가 없다고 하면 각 단락에서 중심 문장과 뒷받침 문장은 무엇인지, 중심 단락과 뒷받침 단락은 무엇인지, 그래서 필자가 말하려고 하는 바는 무엇인지를 파악할 수 있어야 한다. 모르는 어휘나 지시어의 의미를 문맥의 단서를 활용하여 신속하고 정확하게 유추해 낼 수도 있어야 한다.

이 역량을 기르기 위해 수업에서는 문단을 읽고 주제를 뒷받침하는 논거를 찾아내고 이를 요약하는 활동, 글에 제시된 내용을 기반으로 글에 제공되지 않은 정보를 추론하는 활동 등을 한다. 수업 중 이러한 활동이 성실히 참여하면서 역량을 기르면 수능 대비까지 되는 일석이조의 효과가 있다.

읽기 문제를 풀 때 오답을 택한 이유를 파악하고 있는가?

수능과 같은 선택형 문제를 풀다 보면 오답을 선택하기도 한다. 이때 그냥 넘어가지 말고 오답을 선택한 원인을 분석하고 몰랐던 부분을 다시 공부해야 한다. 틀린 문제를 형광펜으로 표시해 두기, 오답노트 쓰기, 개념노트에 보강하기 등의 방법이 유용하다. 선택형 문제뿐 아니라 서술형 문제에서도 오답을 쓰게 된 이유를 파악하고 지식을 명확하게 해 두어야 한다.

학교 시험 대비를 위해

교과서 중심의 공부를 착실히 하고 있는가?

대학 진학을 위해서도 학교 영어 성적의 위상은 매우 크다. 학생부 위주 전형에서 영어 성적이 고스란히 영어 실력으로 인정될 가능성이 크기 때문이다. 면접에서도 영어 질문을 할 수 없으니 더욱 그렇다. 영어 성적은 수행 평가와 지필 평가 모두를 합한 성적이므로 영어를 직접 듣고, 말하고, 읽고, 쓰는 다양한 수업 활동 및 수행 평가에 성실히 참여해야 한다. 나아가 교과서 및 수능 지문의 원문을 찾고 전체 주제를 이해하려는 노력도 해 보아야 한다.

수업 내용과 관련된 영어 영상 자료를 찾아

내용을 요약하거나 원서를 읽어본 적이 있는가?

영어 실력을 기르기 위해 학교 공부에서 좀 더 나아가려면, 수업 내용 관련 영어 영상을 찾아 여러 번 듣고 자막이 없이도 이해할 수 있게 공부하거나, 영어 드라마를 보면서 영어를 익히는 방법을 사용하기도 한다. 수준에 맞는 원서를 골라 읽으면서 영어 감각을 높이는 공부도 도움이 된다. 아이에게 영어를 잘 하고 싶다는 동기가 있다면 여기까지는 공부하고 싶어질 것이다.

1등급을 만드는 고등학생 영어 공부법

현재 교육 과정에서는 1학년은 공통 영어, 2학년부터는 일반 선택 과목이나 진로 선택 과목 중에서 선택하여 공부하게 되어 있다. 그런데 수능에서 영어 I 과 영어 II 과목이 수능 범위에 해당하는 과목이므로 고등학교 2학년까지는 같은 과목을 배운다. 이 영어 교육 과정 구조는 2024학년도에 고등학교에 입학할 학생까지 유지된다. 그 이후에는 고교학점제가 적용되면서 과정이 달라질 수는 있지만, 배우는 영어의 수준은 달라지지 않는다.

1등급을 위한 고등학교 영어 선생님의 조언을 들어보자.

공통 영어의 교과서 구성의 특징은 주요 문장구조를 설명하고, 중요 숙어를 소개하는 내용에 있다. 1학기 범위의 경우 대부분 중학교 수준의 구문 요소를 반복하거나, 2개 이상의 개념을 복합적으로 구성한 문장을 주로 사용한다. 따라서 자신의 영어 성적이 불안한 1학년의 경우 중학교 수준의 구문 해석에 대한 점검이나 정리가 필수적이다. 왜냐하면 2학년 과정에서는 문장이 복잡해지고, 중학교에서 배운 개념들이 한 문장에 동시에 나타나서 주요한 내용을 파악하는데 방해요소가 되기 때문이다.

따라서 1학년 과정에 있는 학생이나, 2학년 과정에 있는 학생 중 영어 해석이 잘 안 되는 학생은 교과서에서 배운 개념을 익히고 이를 적용하여 비슷한 문장을 만드는 연습을 하는 것이 바람직하다.

혹은 보충학습을 위해서 구문 위주로 정리된 책을 선정하여 공부할 필요가 있다. 특히 영어는 동일한 단어라고 할지라도 문장에서 차지하는 위치에 따라 굴절 활동되는 경향이 있으므로 주어, 목적어, 보어, 동사라는 문장의 기본요소에 들어가는 모양을 구별하는 것을 시작으로 이러한 기본 요소가 확장될 수 있도록 돕는 접속사의 개념을 익히는 것이 바람직하다. 보충학습을 위한 교재를 선정하는 데 있어서도 해당 목차로 구성된 책이 많이 있으므로 관련 내용을 되도록 짧은 시간 내에 익히도록 하는 것이 바람직하다.

어휘의 경우에도 무작정 많이 외우기보다는 동사, 형용사/부사, 명사의 순으로 익히는 것이 해석에 도움이 된다. 왜냐하면 영어는 동사를 기준으로 주어와 목적어가 형성되는 언어이며 동사를 파악하지 못할 경우 문장에서 의미하는 바를 정확하게 이해하는 것이 불가능하기 때문이다. 또한 형용사나 부사의 경우 문장의 전체적인 분위기나 방향성을 가늠하기 위한 중요한 척도가 될 수 있다. 특히 복잡하고 긴 문장의 경우 작가의 의도를 명확하게 파악하는데 있어 모르면 방해가 되고 알면 도움이 되는 단어가 형용사와 부사이므로 잘 익힐 필요가 있다.

2학년 수준의 학생은 1학년에서 배운 기본 문장 요소들이 문단의 체계를 갖추면서 주제를 찾아내는 내용이 주를 이루게 된다. 이는 문장의 범위가 문단의 범위로 확대되는 것을 의미하며 문장에서의 주요 내용이 다음 문장과 연계성을 가진다는 것을 의미한다. 따라서 단락을 이루게 하는 주제를 찾아보고 해당 주제를 뒷받침하는 논거를 구별하여 요약하는 훈련을 하는 것이 필요하다.

학습 시기별
알짜배기 공부법

━━━━━━● 모든 시기에 걸쳐 공통되는 공부법은 적정량의 예습을 하고 복습을 많이 해서 배운 내용을 잊지 않고 쌓아가는 것이다. 또한 전 과목을 고르게 공부해서 포기하는 과목이 적을수록 학년이 높아질수록 진로 방향이 넓어진다. 예를 들어 학생이 물리를 싫어해서 포기하게 되면, 공학계열 진로 전체가 사라진다고 해도 과언이 아니다. 화학을 싫어하면 농생명계열과 보건계열 진로도 사라진다. 미적분을 포기하면 경제, 경영 등 사회과학 계열의 진로에서도 공부가 어려워진다. 그러므로 저학년에서 공부를 포기하지 않아야 학년이 높아졌을 때 진로 범위가 넓어진다.

또 하나는 공부 습관을 들여야 한다는 점이다. 개념을 파악하고 요약·정리하고 집중해서 생각하는 습관을 길러야 한다. 책을 가까이 하는 습관도 중요하다. 책상에 앉아 있는 습관, 도서관을 방문하는 습관 등 공부에 좋은 습관은 많고도 많다. 그러면서도 학년별, 학교급별로도 상황이 달라지면서 중시해야 할 부분이 있다.

초등학교 고학년: 학습 습관을 확실히 잡는다

예전에는 4학년이 되면 초등학교 생활도 반 지났으니 고학년이라고 했다. 그러나 현행 교육 과정에서는 '학년군'이라고 해서 두 학년씩 묶어서 학생의 성장을 돕고 있다. 이에 비추어 보면 3학년이 되자 갑자기 공부가 어려워지고, 5학년이 되면 공부가 갑자기 더 어려워지는 것처럼 보인다. 어떻게 하면 어려운 공부도 스스로 잘 해내는 아이가 될 수 있을까?

학습 습관을 길러야 한다

초등학교 4학년쯤 되면 자기 혼자서 무엇을 공부해야 할지를 정할 수 있어야 하고, 실천해야 한다. 무엇을 공부해야 할지 안다는 것은 계획표를 혼자 짤 수 있다는 말이다. 스스로 계획을 짜서 혼자 있을 때도 무엇을 공부할지를 안다면 공부법의 절반 이상은 이미 자리를 잡았다고 할 수 있다. 어려서 못하는 것이 아니라 연습이 안 되어서 못하는 것이다. 어렸을 때부터 작은 계획이라도 세우고 성취하는 경험을 시켜주자.

기초에 해당하는 것을 연습을 통하여 몸에 배도록 해야 한다

농구공 다루는 법을 알았으면 그 뒤에는 농구공을 들고 농구를 잘 하게 될 때까지 연습을 해야 한다. 공부도 마찬가지다. 수학에서 계산이 틀리지 않도록 사칙 연산 연습을 꾸준히 하고, 글쓰기도 꾸준히 연습해서 글을 잘 쓰고 글씨도 빠르고 바르게 쓸 수 있도록 노력해야 한다. 영어도 배운 것은 잊지 않도록 연습을 해야 하고 소리내어 읽어야 한다.

책 읽는 습관을 들여야 한다

시간 나는 대로 책을 읽고 언제나 손에 책과 연필을 들고 다니는 아이가 좋은 학습자가 된다. 초등학교 고학년이 되면 동화 중 길이가 적당히 긴 책을 지속적으로 읽으면 책 읽는 속도가 빨라지고 내용 파악도 잘 하게 된다. 학교 공부와 관련이 있는 책도 좋지만 동화책을 많이 읽으면 아이의 정서 발달에도 좋고 어휘력을 쌓는 데도 도움이 된다.

학교알리미 사이트에서

학교 교육계획과 평가계획을 내려받아 본다

학교 교육계획에는 학교의 연간교육계획 등이 실려 있고 언제 무엇을 배우는지에 대한 정보도 들어 있다. 평가계획에는 수행 평가는 언제 무엇을 어떻게 하는지 등이 안내되어 있다. 이 자료를 보면 아이가 해야 할 공부와 활동 시기를 알 수 있다. 이 정보를 파악하고 있으면 학습 코칭의 질이 달라진다.

학교알리미에서 얻는 진도계획과 평가계획 및 학교 교육 과정 운영계획, 행사계획 등은 학생이 연간 학습 계획을 세우는 데 꼭 필요한 자료이다. 이 점은 중·고등학교에도 똑같이 적용된다.

교과 진도 운영 계획(5학년 2학기)							
주	기 간	수업일수	수업시간	국어(듣,말,읽,쓰)		수 학	
1	8.29~8.30	2	10	독서단원(2)	2	수학은 내 친구(1) 1. 수의 범위와 어림하기(1)	2
2	9.2~9.6	5	29	독서단원(5)	5	1. 수의 범위와 어림하기(4)	4
3	9.9~9.11	3	17	독서단원(3)	3	1. 수의 범위와 어림하기(2)	2
4	9.16~9.20	5	29	1. 마음을 나누며 대화해요(5)	5	1. 수의 범위와 어림하기(4)	4
5	9.23~9.27	5	27	1. 마음을 나누며 대화해요(3) 2. 지식이나 경험을 활용해요(2)	5	2. 분수의 곱셈(3)	3

주	기 간	수업 일수	수업 시간	국어(듣,말,읽,쓰)		수 학	
6	9.30~10.4	3	17	2. 지식이나 경험을 활용해요(3)	3	2. 분수의 곱셈(2)	2
7	10.8~10.11	4	24	2. 지식이나 경험을 활용해요(5)	5	2. 분수의 곱셈(3)	3
8	10.14~10.18	5	29	3. 의견을 조정하며 토의해요(5)	5	2. 분수의 곱셈(3)	3
9	10.21~10.25	5	29	3. 의견을 조정하며 토의해요(5)	5	3. 합동과 대칭(4)	4
10	10.28~11.1	5	29	4. 겪은 일을 써요(5)	5	3. 합동과 대칭(4)	4

또한 학생을 어떻게 평가할 것인지 평가계획도 탑재되어 있다. 평가 내용의 [6수03-01]와 같은 표시는 교육 과정상의 성취기준의 순서를 나타내는 것이므로 학부모가 참고할 때는 무시해도 된다.

수학과 평가계획(5학년 2학기)						
평가 영역	관련 단원	평가 내용	평가 척도 및 기준		평가 방법	평가 시기
			척도	평가기준		
측정	1. 수의 범위와 어림하기	[6수03-01][6수03-02] 수의 범위와 어림값의 의미를 알고, 이를 실생활에 활용할 수 있다.	잘함	수의 범위와 어림값의 의미를 알고, 이를 활용하여 실생활 문제를 해결 할 수 있다.	지필 관찰	9월 3주
			보통	수의 범위와 어림값을 나타낼 수 있다.		
			노력 요함	안내된 절차에 따라 수의 범위와 어림값을 나타낼 수 있다.		

수와 연산	2. 분수의 곱셈	[6수01-09] 분수의 곱셈의 계산 원리를 이해하고 그 계산을 할 수 있다.	잘함	(분수)×(자연수), (자연수)×(분수), (분수)×(분수)의 계산 원리를 이해하고 계산을 잘 할 수 있다.	지필 관찰	10월 5주
			보통	(분수)×(자연수), (자연수)×(분수), (분수)×(분수)의 계산 원리를 이해하고 계산을 할 수 있다.		
			노력 요함	(분수)×(자연수), (자연수)×(분수), (분수)×(분수)의 계산 원리를 잘 이해하지 못하고 계산을 하지 못한다.		
도형	3. 합동과 대칭	[6수02-03] 선대칭도형과 점대칭도형을 이해하고 그릴 수 있다.	잘함	선대칭도형과 점대칭도형의 성질을 이해하고 잘 그릴 수 있다.	지필 관찰	10월 5주
			보통	선대칭도형과 점대칭도형의 성질을 이해하고 그릴 수 있다.		
			노력 요함	선대칭도형과 점대칭도형의 성질을 이해하지 못하고 잘 그리지 못한다.		
자료 와 가능 성		[6수05-01] 평균의 의미를 알고, 주어진 자료의 평균을 구할 수 있으며, 이를 활용할 수 있다.	잘함	평균을 구하는 방법을 잘 이해하고 평균을 잘 구할 수 있다.	지필 관찰	12월 4주
			보통	평균을 구하는 방법을 이해하고 평균을 구할 수 있다.		
			노력 요함	평균을 구하는 방법을 잘 이해하지 못하고 평균을 구할 수 없다.		

위 표를 보면 각 단원 또는 성취 기준별로 '잘함' 수준이 되려면 어떻게 해야 하는지를 알 수 있으며, 공부 목표를 대강 짐작할 수 있다.

또한 학교알리미에서 아래 표와 같은 정보도 얻게 되는데, 좀 추상적으로 보이기는 하지만 아이가 학년별로 어떻게 성장해야 하고 무엇을 공부해야 하는지에 대한 근거가 된다.

학년별 핵심 역량과 하위 역량 일람				
2015 개정 교육 과정 〈핵심 역량〉	우리학교 〈하위 역량〉	우리학교 학년군별·수준별 중점 핵심 역량		
		1~2학년군	3~4학년군	5~6학년군
자기 관리 역량	• 기본 생활 습관 • 자기 주도 학습 • 자아정체성 • 자기통제 • 진로개발능력	기초학습 능력을 바탕으로 주어진 과제를 해결하기 위한 방법을 생각하여 스스로 하는 능력	자신에 대한 자존감을 바탕으로 생활과 학습에 적극적으로 임하며 바른 소비 활동을 할 수 있고 다양한 직업에 관하여 탐색할 수 있는 능력	기본 생활 습관을 바르게 정립하고 자신의 삶과 진로에 필요한 기초적 능력 및 적성을 찾기 위해 자기 행동을 절제하고 생활을 관리할 수 있는 능력
지식정보 처리 역량	• 정보 검색 • 정보의 가치 판단 • 정보의 필요 시기 판단 • 정보 조직화 • 정보 활용	문제를 해결하기 위해 필요한 자료를 모으고 정리하여 여러 가지 방법으로 나타낼 수 있는 능력	주어진 상황에서 문제점이 무엇인지 파악하고 이를 해결하기 위하여 다양한 정보를 찾고 문제에 대한 해결책을 컴퓨터나 다른 도구를 사용하여 표현할 수 있는 능력	주어진 상황에서 문제의 원인을 찾고 이를 해결하기 위해 다양한 방법으로 지식과 정보를 수집하여 효과적으로 표현할 수 있는 능력
창의적 사고 역량	• 호기심 • 민감성 • 개방성 • 유창성 • 과제집착	다양한 경험을 통해 알게 된 것을 바탕으로 새로운 것을 생각해 낼 수 있는 능력	다양한 관점에서 사고하며 판단하고 타인의 생각에 너그러우며 자신에게 주어진 과제를 끝까지 해결하는 능력	과제 해결을 위해 다양한 방법으로 생각하고 자신과 다른 의견을 받아들이면서, 자기 나름의 해결방법을 찾아 주어진 과제를 포기하지 않고 해결할 수 있는 능력

심미적 감성 역량	• 정서적 안정감 • 문화·예술적 감수성 • 문화·예술적 상상력 • 타인의 경험에 대한 공감 • 가치의 다양성 이해와 존중	생활 속에서 아름다움을 찾고 생각이나 느낌을 여러 가지 방법으로 표현할 수 있는 능력	음악과 미술작품을 감상할 때 생겨나는 자신의 생각이나 느낌을 알아차리고 즐길 수 있는 능력	한 가지 이상의 악기를 다룰 수 있고, 나와 다른 사람이 다름을 인식하고 상대방을 존중할 수 있는 능력
의사소통 역량	• 효과적 표현 • 경청 • 이해 • 타인 존중 태도 • 갈등 조정	자기의 생각과 느낌을 상황에 맞게 이야기를 주고받을 수 있는 능력	상대방의 말을 잘 듣고 자신의 생각과 감정을 분명하게 표현하며 말과 글을 통해 서로를 잘 이해할 수 있는 능력	다양한 상황에서 상대방의 말을 경청하는 가운데 자신의 생각과 감정을 글과 말, 몸짓을 통해 효과적으로 표현할 수 있는 능력
공동체 역량	• 시민 의식 • 질서 의식 • 준법 정신 • 협동 • 봉사 정신	우리 주변에 관심을 가지고 질서와 규칙을 지켜 공동의 문제 해결에 참여하는 능력	교칙과 학급헌장을 잘 지키며 자신의 역할활동에 충실하며 다 같이 협동하여 과제를 수행할 수 있는 능력	구성원으로서 규칙을 준수하고 공동체 문제에 관심을 가지고 적극적으로 참여할 수 있는 능력

이 일람을 보면 핵심 역량 6가지가 있다는 사실과 그 아래 하위 역량 또한 제시되어 있다는 점을 알 수 있다. 이를 통해 학생이 자기 관리 역량을 길러야 하는데, 자기 관리 역량이란 '기본 생활 습관, 자기 주도 학습, 자아정체성, 자기통제, 진로개발능력'을 갖추는 것이라는 점을 알 수 있다. 이를 바탕으로 학생이 가져야 할 자세의 체크리스트도 만들 수 있다.

자기 관리 역량의 학년별 역량 3~4학년군에는 '자신에 대한 자존감을 바탕으로 생활과 학습에 적극적으로 임하며 바른 소비 활동을 할 수 있고 다양한 직업에 관하여 탐색할 수 있는 능력'이라고 하는 것을 보니 자존감을 가지는 일, 생활과 학습을 적극적으로 하는 일, 바른 소비 생활에서는 용돈 관련한 일, 진로 탐색 활동 하는 일 등을 해야 하는구나 하는 정보를 얻을 수 있다. 이처럼 주어지는 정보만 잘 활용해도 아이 교육 방향을 정할 수 있다.

중학교 1학년, 자유학년제: 학습 결손을 메우고 어려운 공부에 도전해본다

중학교에 입학하면 공부는 갑자기 어려워지는데 1학년은 자유학년제라고 공부보다 진로 활동을 더 많이 한다고 알려져 있다. 이로 인해 학업 능력이 떨어진다는 불만도 있지만 이는 오해다.

자유학년제는 성적만 숫자로 나오지 않을 뿐이지, 더 다양한 학습 경험을 할 수 있는 학기다. 우선 자유학년제라는 이름에는 학생이 자유롭게 무엇이든 할 수 있도록 도와주겠다는 의도가 있다는 점을 잊지 말아야 한다. 자유롭게 무엇을 할 수 있게 해준다는 말은 선택권을 준다는 말이다. 중학교 교육 과정은 국가 공통 교육 과정이므로 자율권이 없다. 그런데 자신이 원하는 것을 선택하도록 허용하여 자신이 좋아하는 것, 좋아하는 과목 또는 활동을 찾아보게 시간 여유를 주려는 목적으로 자유학년제를 만들었다. 아이들이 스스로 자신을 찾을 수 있도록 도우려는 목적으로 자유학기제, 자유학년제가 탄생한 것이다.

자유학년제는 배정된 수학 시간에서 주 1시간을 줄여 자유학년제 시간으로 사용한다면 수학 관련 활동을 하게 된다. 국어 시간을 줄였다면 국어 관련 활동이 열린다. 이렇게 교과 관련 활동이 열릴 때 나는 국어는 잘 하니까 수학 활동만 2개를 선택하겠다고 결정했다면 그렇게 하면 된다. 그러다 보니 중요해지는 것이 활동을 선택하는 일이다. 친구 따라 강남 가듯 정하지 말고, 자신이 원하는 활동을 선택해서 수행할 때 학생의 선택 역량이 길러지고 자기를 찾을 수 있게 된다.

이때 꼭 염두에 두어야 할 말이, '도전적 선택, 지속적 노력'이다. 활동 중 어렵고 버거워 보이는 활동을 신청해서 도전하면 학생은 그만큼 근성이 생기고 두려움이 없어진다. 자유학년제 때는 성적이 산출되지 않으므로 좀 더 어려운 공부에 도전하는 경험을 하기에 딱 좋은 학기다.

그밖에 학습 결손을 메우기에도 좋은 시기다. 초등학교 때 배운 것 중에서 모르는 게 있다면 이 시기에 보완해야 한다. 초등학교에서 별로 배운 것이 없어 보이지만, 4학년 과학 교과서만 봐도 성인이 알아야 할 기초 상식이 이미 거기에 전부 들어있다는 것을 알 수 있다.

4학년 2학기는 생명과학으로 시작하는데, '강이나 연못에 사는 식물을 어떤 기준에 따라 분류할 수 있을까요?'라고 묻는다. 답은 무엇일까? 쉽게 답하기 어렵다. '기준에 따른 분류'라는 개념도 쉽지 않다. 요즘에는 초등학교 교과서를 온라인에서도 구할 수 있으므로, 교과서를 펼치고 넘겨 보면서 주요 설명할 수 있는지를 점검하면 된다.

고등학교 입학 전까지:
복습을 최우선으로 내신과 수능을 둘 다 잡는다

고등학교 입학 전에 반드시 중학교 때 확실히 이해하지 못한 개념들을 완벽하게 익혀야 한다. 중학교 3학년을 마칠 무렵이면 고등학교 공부는 양이 많아 시간이 없으니, 입학 전까지 고등학교 1학년 분량은 선행을 하고 가야 한다고들 말한다. 이 말은 중학교 공부가 다 되어 있다는 전제가 있어야 성립한다. 중학교 공부를 완벽하게 했더라도 고등학교 입학 전에 진도를 미리 나갈 필요는 없다. 미리 1년 치 공부를 해봤자 정작 진도 나갈 때는 이미 배웠다는 생각에 허술하게 대하다가 첫 시험을 망치고 나서는 엉엉 울게 된다. 고등학교 첫 시험을 망치면 학생부교과전형은 이미 물 건너가기 때문이다.

그러므로 선행보다 중요하게 해야 할 것은 중학교 내용을 100점 받을 수 있도록 빈 부분을 채우는 것이다. 배운 내용이라지만 쉽지 않을 것이다. 영어 문장도 중학교 3학년 정도면 기본은 다 갖추도록 배운다. 수학은 제곱근과 실수, 다항식의 곱셈과 인수분해, 이차방정식, 이차함수와 그래프, 피타고라스 정리, 삼각비, 원의 성질, 확률과 그 기본 성질, 대푯값과 산포도 등 이름은 기억나지만, 문제에 적용하지 못하는 상태일 수도 있다. 독서 능력도 글쓰기 능력도 갖추어야 한다. 중학교 사회와 과학을 잘 알아야 고등학교 1학년 통합과학, 통합사회 과목을 이수하는 데 부족함이 없다. 이걸 두고 예습을 한다고 미리 나가면 어려운 문제에 부닥쳤을 때 지난 시기에 배운 것을 몰라 아무리 골똘히 생각해도 풀 수가 없다.

학습 역량이 있고, 정말 공부를 잘 하는 학생은 학교 공부는 물론이고 자연스레 수능도 잘 보게 된다. 학교 내신과 수능 두 마리 토끼를 모두 잡기 위해서는 진도를 완전히 이해하고 응용할 수 있는 장기 기억으로 정리된 완전 학습이 필요하다.

그래서 다시 한번 강조하지만, 고등학교 가기 전까지 꼭 해야 할 일은 국어, 수학, 영어, 사회, 과학 과목에서 모르는 것이 없는지 점검하고 복습을 여러 번 해서 장기 기억에 넣어두는 것이 첫 번째다. 또한 독서를 하고 독후감을 지속적으로 써서 독서 능력을 기르고 배경 지식도 넓히며 덤으로 글을 멋지게 쓰는 능력을 길러놓는 일이 뒤따라야 한다. 이것만 완벽하게 해 두면 고등학교 1학년 때 여유를 찾고 자신의 미래를 설계할 수 있다.

다음 학기 성적은 방학이 좌우한다

고등학교를 졸업하기 직전 마지막 방학을 제외하면 총 23번의 방학이 있다. 방학이 되면 학교에 가지 않아도 되고 계획한 것을 이룰 수도 있고, 가족 여행도 갈 수 있다는 생각에 가슴이 설레지만, 막상 방학을 지내고 나면 남는 것은 계획을 실천하지 못한 데 따른 죄책감과 실망감뿐이다. 이렇게 되는 데에는 계획과 실천의 문제가 있기 때문이다. 방학을 알차게 보내기 위해서 지켜야 할 사항을 알아보자.

• 일찍 일어나기
학교 갈 때처럼 일찍 일어나 하루를 시작해야 시간을 알차게 쓴다. 8시 이전에 일과를 시작하면 하루를 4등분 해서 쓸 수 있다. 오전 4시간, 오후 4시간, 저녁 4시간, 밤 4시간으로 구분해서 계획을 만들 수 있다. 아침에 늦게 일어나면 오전 4시간은 사라진다. 밤 11시부터 새벽 3시까지 공부하면 많이 한 것처럼 느껴져 뿌듯할 수는 있지만 실제로 하루 공부한 시간을 따져 보면 스스로에게 속았다는 생각이 들 것이다.

• 계획 세우기
방학 계획은 전체 계획과 주간, 하루 계획을 계속 세워가면서 계획과 실천 결과를 점검해야 한다. 매일 계획표를 다시 보면서 자신이 계획한 일이 하루도 밀리지 않고 실행되고 있는지를 점검하도록 하자. 만약 실행이 잘 되지 않고 있다면 실행에 성공할 수 있도록 목표를 조정해야 한다.

• 방학 중 할 일 정하기

방학을 이용해서 목표를 세우고 새로운 것을 경험하고 배우는 일은 성장에 도움을 준다. 테니스 강습을 받거나, 악기를 새로 배우는 등 이번 방학에 성취감을 가질 수 있는 목표를 세워두고 노력하도록 돕자. 물론 학년이 올라갈수록 공부가 중요하기 때문에 고학년에서는 공부계획이 전부일 수밖에 없다. 그러나 학년에 따라 운동을 좀 더 열심히 해서 체력을 길러야 할 때도 있고 독서를 많이 해서 독서 능력을 길러야 할 때도 있다. 어떤 것을 해야 할지는 아이가 계획하고 부모가 검토해서 확정하면 좋다.

• 지난 학기 복습과 가벼운 예습

방학 중에 지난 학기에 배운 것을 완전히 이해해야 하고 수준 높은 문제도 해결할 수 있는 실력을 길러야 한다. 저학년에서는 과거의 학습 결손이 다음 공부에 큰 영향을 주지 않기도 한다. 그때그때 배우는 것만 잘 해도 성적이 잘 나온다. 그러나 학년이 올라갈수록 과거에 학습 결손이 있다면 해결할 수 없는 상황을 맞닥뜨린다.

학습 결손을 메웠으면 다음 학기에 배울 내용을 훑어보도록 하자. 대체로 한 달 정도 진도를 미리 공부하면 예습이라고 할 수 있다. 미리 공부할 때는 꼼꼼히 들여다 보고 모르는 것을 표시해 두었다가 학교에서 진도 나갈 때 분명히 이해할 수 있도록 해야 한다.

• 다시, 독서와 글쓰기

방학만큼 진득하게 책을 읽을 기회는 없다. 중학생 이상이면 한국문학 또는 세계문학 전집을 빠른 속도로 읽을 수도 있다. 단 문학작품은 장르문학이 아니라 순수문학 작품을 읽는 것이 좋다. 교과서 속 작품 읽기 등을 먼저 손대는 것도 좋은 방법이다. 어렵지 않은 단행본 책자들도 읽어 둘 때이다.

모든 독서 뒤에는 독서록을 정리해야 한다. 그날 읽은 것을 소재로 독서 일기를 쓰는 것도 좋은 습관이다. 글을 잘 쓰는 능력은 여러모로 가치가 있다. 글쓰기 역량을 키울 유일한 방법은 '많이 쓰는 것'이라는 사실을 기억하자.

방학 계획

방학 때 할 일을 적어 보세요

- ○ ....
- ○ ....
- ○ ....
- ○ ....
- ○ ....
- ○ ....
- ○ ....
- ○ ....
- ○ ....
- ○ ....

5장

아이의 미래 역량,
어떻게 키울
것인가?

미래 역량, 디지털 리터러시와
데이터 리터러시

현대는 디지털 트랜스포메이션^{digital transformation} 시대라고 한다. 디지털 트랜스포메이션이란 인공지능, 빅데이터, 클라우드 등 정보통신기술^{ICT}을 활용하여 지식 정보를 연결하고 새로운 지식 정보를 쉽게 창출하는 방식으로 변화한 것을 말한다.

우리가 살고 있는 사회 전반이 클라우드로 연결되면서 내가 하는 모든 작업이 클라우드에 기록되고 다른 사람과 쉽게 공유하는 과정을 통해 새로운 '무엇'을 창출하기가 쉬워졌다. 컴퓨터나 스마트폰을 사용하면 대부분 이용하게 되는 구글 드라이브, 원 드라이브 등이 클라우드를 기반으로 운영되는 시스템이며, 메일 정보 보관도 클라우드를 이용하게 되었다. 이 클라우드 공간에는 개인의 과거와 현재가 다 기록될 수 있고, 다른 사람과 자료 공유가 가능할 뿐 아니라 클라우드 공간에서 직접 컴퓨팅 작업을 해낼 수 있다. 이러다 보니 과거와 현재의 연결, 나와 다른 이와의 연결이 가능한 사회로 변했다. 클라우드 컴퓨팅은 내 컴퓨터 하드디스크에 있는 자료를 열린 공간에 저장하는 방식으로의 변화만을 의미하지 않고 '연결'이라는 새로운 형태의 변화로 이어져 일하는 방식의 변화, 사회 구조의 변화까지 이끌었다.

여기에 인공지능이 더해져 사람이 할 수 없는 부분을 담당하면서 세상의 문제를 해결하겠다고 한다. 알파고와 이세돌 기사의 바둑 대결에서 알파고가 이긴 이후 인공지능에 대한 인식은 새로워졌다. 인공지능이 환자를 진료할 때 오진율이 의사가 진료할 때보다 낮다는 보도는 사람의 판단보다 인공지능의 판단을 더 믿게 하는 결과를 낳는다. 이런 이유로 수능에서 논·서술형 문항이 도입된다면 사람이 채점할 때보다 인공지능이 채점할 때 이의 제기가 더 적을 것으로 기대한다. 그만큼 현대사회는 인공지능에 점점 더 많이 의존하고 있다.

또한 모든 컴퓨터를 이용한 기록이 남아 데이터화 되는데, 이 데이터를 이용하여 소비자의 특성을 파악하고 소비자가 원할 것 같은 상품과 서비스를 소비자에게 제공하겠다고 한다. 코로나 사태로 많은 사람들이 방콕 상태를 지속하게 되자 넷플릭스 영화 서비스 이용자가 급증했다고 한다. 넷플릭스는 이용자가 좋아할 것 같은 영상을 추천하는 시스템을 갖고 있는데, 이 시스템은 데이터를 활용한 결과다. 유튜브도 한 영상을 보면 이와 유사한 영상, 이용자가 좋아할 것 같은 영상을 계속 권장해서 사용자의 이탈을 막고 더 많은 시간을 시청에 투자하게 만든다.

문해력을 넘어선 '리터러시', 미래 인재의 조건

이러한 이유로 해서 자라나는 세대에게는 문해력을 넘어서 디지털 리터러시, 데이터 리터러시, 게임 리터러시, 미디어 리터러시 등 다양한 '리터러시' 능력이 필요하다고 말한다. 여기서 문해력은 리터러시와 같은 개념으로 쓰이는 단어지만, 디지털 문해력, 데이터 문해력 등과 같은 용어로 쓰기에는 문해력이 문자와 깊은 관련성이 있어 보이는 한계가 있어 데이터 리터러시, 디지털 리터러시 등과 같이 '리터러시'라는 용어가 사용된다.

현대 사회에서 필요하다는 다양한 분야의 리터러시는 기존 지식의 수명은 짧아지고 새로운 지식은 빠르게 생성된다는 특징에서 비롯된다. 지식 정보의 생성 속도가 빨라지므로 우리는 과거에는 고민하지 않았던 '선택'이라는 상황을 지속적으로 마주치게 된다. 텔레비전 지상파 방송에서 전하는 소식 하나가 전부였던 시대에는 단 하나의 정보를 수용하면 되었고, 이때 필요한 역량은 정보의 진위를 비판적으로 검토하는 역량이었다. 그런데 현재는 지상파 방송보다 IPTV 등이 더 많은 채널을 갖고 다양한 정보를 제공하고 있으며, 유튜브 채널 등으로도 엄청난 정보가 만들어지고 있다. 그러다 보니 사람들은 많은 정보 중에서 자신에게 맞는 정보, 진실을 담은 정보를 판단해야 하는 기로에 서게 된다. 단 한 개의 문이 있는 방에서는 문을 열 것인가 말 것인가를 결정해야 했지만, 문이 셀 수 없이 많은 방, 문이 자꾸만 만들어지고 있는 방에서는 열 것인가 말 것인가 이외에도 어떤 문을 여는 것이 좋은가라는 선택지가 또 펼쳐지게 된다. 그런데 이 선택지가 셀 수 없이 많다는 것이 우리를 망설이게 한다.

　이것이 리터러시 능력이 필요한 이유다. 글을 잘 읽고 잘 쓰는 역량을 길러야 하는 것처럼, 디지털을, 데이터를, 게임을, 미디어를 잘 파악하고 비판적으로 이해하며, 이를 바탕으로 잘 사용할 수 있고 나아가서 새로운 세계를 만들어 낼 수 있는 역량을 길러야 할 필요가 있다. 이렇게 만들어지는 새로운 세계가 인간의 삶을 이롭게 하는 방향이어야 한다는 점에서 리터리시 교육이 단지 기술적인 교육에 한하는 것이 아니라 인문·사회·윤리적 측면까지를 포함한다.

우리 아이 리터러시 교육을 어떻게 시작할까?

엄마들이 궁금해하는 '우리 아이는 무슨 교육을 어떻게 받아야 하는 거야?'라는 질문에는 똑 부러지는 답은 없다. 대부분의 학교 교육의 상황은 이들 리터러시를 조금씩 다루지만 이 분야를 전폭적으로 다루지는 않는다. 그 이유는 이들 리터러시가 대부분 기존 학교 교육에 들어 있는 모든 과목과 연결되어 있기 때문이다. 디지털은 수학과 과학 영역에 기반을 두고 있으며, 데이터는 대부분 수학적 역량 중 통계 부분과 깊이 관련 있다. 게임 리터러시도 게임을 만드는 프로그래밍 능력과 관련 있지만 어떤 게임을 만들어 인류의 삶에 보탬이 되게 할 것인가는 인문학적 소양을 바탕으로 한다. 어릴 때부터 코딩교육을 받아야 한다는 주장에 대한 이견도 만만치 않다. 현재 초·중학교에서 이루어지고 있는 기본 소양 교육을 잘 이수하면 코딩교육의 성과는 금방 넘어설 수 있다는 것이다.

아직도 대학 입시는 교과 공부를 잘하는 학생을 선발하는 방식이 주를 이루고 있으며, AI 전문가를 양성하는 분야에 한하여 관련 공부를 한 학생, 관련 분야에 뛰어난 경험을 갖고 있는 학생을 선발한다. 그러나 이 분야에서도 이미 잘 아는 사람보다 잘 배울 가능성이 있는 학생을 선발하겠다는 대학도 많다. 그 이유는 IT 분야, AI 분야 전문가가 되기 위해서는 단지 컴퓨팅에 능한 것으로는 부족하기 때문이다. 컴퓨팅 이외에도 수학, 과학 전반에 걸친 깊이 있는 이해와 이를 활용한 문제 해결 능력, 영어 등 언어 사용 능력, 인문학적 사고 능력 등이 고르게 필요하기 때문이다.

그럼에도 IT나 AI에 대한 교육을 받고 싶다는 수요는 여전히 존재한다. 이러한 수요에 부응하는 차원에서 교육부는 2020년 들어 '인공지능 융합 교육 과정 운영' 고등학교를 운영한다는 계획을 세우고 시·도별로 2개 학교 정도를 선정하였다. 이 학교에서는 학기 당 4~5시간 정도로 인공지능과 관련한 한두 과목을 배울 수 있도록 교육 과정을 운영한다. 이는 고교 단계에서 4차 산업혁명의 핵심 분야인 인공지능과 데이터 과학 등 기초·기반 교육에 대한 시대적, 사회적 요구가 늘어남에 따라 이와 관련된 다양한 교육기회를 제공할 필요가 있다는 판단에 따른 것으로, 선정된 학교가 공동 교육 과정의 거점·중심 역할을 수행할 수 있게 한다는 계획이다. 거점학교에 선정된다면 이 학교에 다니지 않는 학생도 수강이 가능하도록 만들어 관련 과목을 배울 수 있게 될 전망이다. 교육 내용은 인공지능, 데이터 과학의 기초·기반 교육인 정보, 정보과학, 프로그래밍, 수리·통계 과목 등을 강화하고 인공지능, 데이터 과학의 기초 실습과 다양한 과목과의 융합 교육으로 이루어진다. 이를 위해 인공지능, 데이터 과학 관련 과목 5개가 개발되었고, 인공지능 수리 통계 과목도 개발되었다.

이 과목들은 학생이 자기 선택에 의하여 이수할 수 있도록 전부 개방하여 개설하게 되며, 학생은 누구나 그 과목 중 자신이 하고 싶은 과목을 선택하여 이수할 수 있게 된다. 농산어촌 및 도서벽지 학교를 위하여 온라인 공동 교육 과정을 개설한다.

코딩, AI, 데이터 과학…, 먼저 기본을 탄탄하게

사실 학부모 입장에서 궁금한 것은 '디지털 리터러시와 데이터 리터러시를 기르기 위해서 초·중등학교 단계에서는 무엇을 공부해야 할까?'하는 점이다. 학교에서 학생들이 배우면 좋다고 소문난 과목들은 코딩, 프로그래밍과 함께 새로 개발하는 인공지능 과목, 데이터 과학 과목, 인공지능 수리 통계 과목인데, 전문가의 견해는 온도차가 있다. 전문가의 의견을 살펴보면 아이에게 어떤 학습이 우선되어야 하는지 그 실마리를 찾을 수 있다.

Q AI 전문가가 되려면 고등학교 때는 무엇을 주로 공부해야 하나? 디지털 리터러시와 데이터 리터러시를 갖추기 위해 해야 할 공부는 무엇인가?

A 기본적으로는 당연히 수학이다. 학습의 정확도 모델이 학습을 어떻게 시킬까 등이 수학으로 표시되어 있

기에 수학이 필요하고 이 분야를 박사급 연구원이 담당하는 것도 같은 이유이다. AIML^Artificial Intelligence Machine Learning(인공지능이 스스로 데이터를 학습해서 문제를 해결하고 미래를 예측하는 기술)을 기존에 만들어진 것을 가져다 쓰는 사람은 개발자에 비하여 전문가라고 하기는 어렵다.

Q 이용자를 전문가라고 하기는 어렵다고 해도 개발자보다 이용자가 더 많지 않나?

A 흥미를 돋워주겠다는 측면에서 교육을 하더라도 별로 다르지 않다. 예를 들어 계산기 프로그램을 써서 1+1을 계산해보니 2가 나오는 것이나 구글에서 만든 인공지능 API^Application Programming Interface를 써서 날씨를 예측할 수 있는데, 현재 날씨를 넣어 내일 날씨가 나오는 거나 다를 게 없다. 만들어진 프로그램을 이용한다는 점에서 차이가 없는 것이다. 그런데 만일 이 프로그램들의 정확도 등을 알려고 하면 수학을 알아야 한다. 수식으로 되어 있기 때문이다. 그 다음은 인프라, 솔루션에 관한 일도 있는데 이것은 고등학교 때 배우는 것은 아니다. 그러니까 이용자는 이용할 대상을 잘 알면 되니까 무엇을 공부해야 한다고 하기는 어렵다.

Q 이용자 수준보다는 좀 더 이해가 높은 수준의 학습자가 해야 할 것은 무엇인가?

A 고등학교 졸업 전까지 파이선, 리눅스 정도는 알아야 한다. 결국에는 AIML도 빅데이터가 기반이 된다. 데이터를 마이닝하는 과정이 파이선으로 이루어져 있다.

Q 중고등학교 때 배우지 않아도 대학 가서 금방 배울 수 있는 거 아닌가?

A 금방 배울 수 있는 프로그램인데 왜 고등학교 졸업 이전에 배우지 않고 바쁠 때, 사용하기 직전에야 배우려고 하는지 오히려 의문이다. 고등학교보다 더 이른 중학교 때 하는 것도 괜찮다. 수학, 과학을 잘 해도 파이선에 대한 이해도가 필요한 이유가 있다. 수학, 과학을 잘 해서 AIML전문가가 되기 위한 학과에 입학을 했다고 치자. 그 다음에 내가 하고 싶은 분야가 무엇인지를 알아봐야 하는데, 봐야 할 모든 자료가 파이선, 리눅스로 되어 있다. 시작 단계에서 자료를 봐야 할 때 파이선과 리눅스가 꼭 필요하다. 대학 합격하고 배워도 되기는 한다. 대학에서 과목으로 배우려면 1학기를 할애하게 된다. 그런데 대학 때는 본격적으로 어플리케이션을 짜

는 것까지 하지만 중고생 때는 거기까지 할 필요는 없으니 배울 수 있는 수준까지 배우면 된다. 수학에서는 당연히 미분 적분, 확률과 통계를 잘 배워야 한다.

Q 과학 공부는 얼마나 필요한가?

A 컴퓨터 전문가에게 과학은 특별히 필요하다고 할 수는 없다. 그러나 AI 전문가가 자율주행 자동차를 만드는 일에 참여했을 때, 자동차가 회전할 때 핸들을 얼마나 트는 것이 적당한지를 측정하려면 물리학을 알고 있어야 도움이 된다. 과학의 다른 분야도 마찬가지이다. 결국 협업 대상과 대화가 되는가의 문제이므로 많이 알수록 도움은 된다. 만일 글을 말로 바꾸거나 말을 글로 바꾸는 시스템을 만들려면 음운에 대하여 알아야 하니 국어를 잘하면 도움이 된다. 그러니 당장 필요 여부를 떠나서 고등학교에서 할 수 있는 공부는 충실히 해야 한다. 빅데이터에서도 주로 수학이 요긴하다. 단순한 수학식을 알고 있으면 여러 관측치를 이해하기에 충분하다. 예를 들어 몇만 건의 데이터가 몇 초에 처리되었고 그래서 효율성이 얼마이고를 따지니 1차·2차 함수 수준의

이해에서 끝이 난다. 빅데이터에서의 성능 최적화 방면에서도 데이터의 패턴과 동시성 제어와 같은 규칙성 이해가 더 중요하다. 그렇지만, AIML은 대다수의 성능 측정치들이 복잡한 미분·적분 수준의 함수식으로 표현이되어, 수학 지식 없이는 성능치에 대한 이해를 제대로할 수 없다. 또한, 최적화 부분에서도, 여러 모델이 어떠한 경우에 적합한지, 어떠한 모델이 어떠한 알고리즘을 통해 결론을 도출해 내는지를 알아야, 여러 비즈니스 요구 사항에 적합한 학습 모델을 추천해 줄 수 있다. 예를 들어, 이미지 알고리즘에 최적화된 모델과 텍스트 인식에 최적화된 알고리즘이 다르고, 이에 따른 결과도출 효율성이 다르기 때문에, 학습에 최적화 된 모델과 파라미터를 설정하기 위해서는 수학적 이해가 필수적이다.

이런 점에서 AI 수학이든 AI 통계든 다양한 AI 과목이 만들어지지만, 중요한 것은 기존 교육 과정 안에 있는 확률과 통계, 미적분을잘 배워야 한다는 점이다. 잘 배운다는 것은 기본을 잘 이해한다는 것을 말한다. 개념과 원리를 이해하고 나서 문제를 풀어도 된다. 수능 시험에 대비하기 위해서는 좀 더 어려운 문제까지 풀어 보아야 하고,

학교 시험에 대비하기 위해서도 어려운 문제를 풀어야 할 필요가 있을 수도 있지만, 기본을 잘 알고 그 이후로 도전해야 한다는 점에는 변함이 없다.

세상이 아무리 바뀌어도 변함없는 학업의 기본

고려대학교 영어영문학과 남호성 교수는 고등학교 때 수포자였다고 한다. 수학을 못해서 영문과를 나왔는데 음향학, 음성학, 해부학, 심리학, 물리학 등 언어과학을 공부하면서 본인이 과학과 수학에 흥미가 없는 것이 아니라는 것을 깨달았고, 석사 과정을 마치고 코딩을 배우면서 학창 시절 기피했던 수학과 전혀 다른 수학을 만났다고 한다. 지금도 수능에 나오는 수학 문제는 한 문제도 못 풀지만 실제로 필요한 수학은 수능 수학처럼 꼬인 문제가 아니라 공부할 만하다고 한다. 인문대생이라 하더라도 수학과 코딩은 당연히 배워야 하는데 입시를 준비하면서 코딩 학원에 다니는 것은 어렵겠지만, 인공지능 언어인 파이선이 무엇인지, 코딩을 하려면 수학에서 어떤 걸 알아야 하는지 등에 대해서라도 알아보아야 한다고 한다.

사회과학대나 인문대로 진학하려고 할 때, 고등학교 교육 과정에서 이공대를 지망하는 학생들이 배우는 '미적분'과 '기하' 과목을 배워야 할까 말까에 직면한다. 핵심은 "대학 갈 때 수능 시험과 좀 무관한 경로를 택한다면 도전하는 것이 도피하는 것보다 이득이다."
를 믿는 것이다. 기본을 잘 배우면 평균보다는 좋은 성적을 받을 수
있으니 성적이 두려워서 기피할 일은 아니다.

　사실 우리가 수학에서 점점 멀어지는 것은 새로운 개념을 배울
때 기본과 원리를 이해하는 데 인색하고, 기본 예제를 잘 풀지 않으
려고 하며, 이런 상태에서 어려운 문제를 풀겠다고 허영을 부리기 때
문이다. 그러나 시험 문제는 어려운 문제는 많아야 20% 이내이며 대
부분 기본을 잘 알고 예제 수준 문제를 잘 해결하면 성적 때문에 절
망하는 일은 거의 없다.

　아무리 교육 과정이 달라지고 입시에서 전형요소가 달라져도 성
공하는 길은 수학을 잘하고, 독서와 글쓰기와 말하기 과목인 국어 잘
하고, 영어로 의사소통이 가능하도록 공부하는 것이 기본이라는 점
에는 변함이 없다. 그리고 과학과 역사와 철학에 관심과 호기심을 갖
고 공부하는 것은 2022년에 개정 고시할 고교학점제형 교육 과정에
해당하는 초등학교 다니는 학생들에게도 그대로 적용되고 그 이후에
도 변함이 없다.

몸과 마음보다
중요한 역량은 없다

프롤로그에서 언급했듯이 협력적 행위주체성이 강조되는 시대가 되었다. 학교에서도 이 '협력하는 능력'을 기를 수 있는 방향으로 아이들을 지도하고 있다. 10살 초등학교 3학년 사회 교과서를 펴면 1단원 '우리 고장의 모습'이 나타난다. '우리 고장의 여러 장소를 이야기해 봅시다'와 '머릿속에 떠오르는 우리 고장의 모습을 그려 봅시다'라는 소단원을 지나면 '우리 고장에 대한 생각과 느낌을 이야기해 봅시다'에 이른다. 이쯤 오면 '우리 고장에 대한 생각과 느낌을 친구들과 이야기해 봅시다.'라는 활동이 등장한다. 교육 과정은 아이들이 학교 친구들과의 교류가 익숙해지기를 3학년까지 기다렸다가 '친구들과 이야기해 봅시다.'라는 활동을 제시하고 있다. 10살 아이는 학교에 가서 사회 시간에 '우리 고장에 대한 생각과 느낌'을 잘 말하고 다른 친구의 이야기 또한 잘 듣고 돌아올 것이다.

다음 단원은 '하늘에서 내려다본 고장의 모습' 단원인데 지식과 관련해서는 디지털 영상 지도를 배우고, 국토 지리 정보원의 디지털 영상 지도를 사용하는 법을 따라 실습을 한다. 그리고 친구들과 고장의 주요 장소를 살펴보는 모둠 학습을 한다. 6모둠으로 나누어 각 모둠별로 제시된 주제를 하나씩 골라서 같이 찾아보고 백지도에 그리는 활동을 한다. 마무리는 '친구들과 빙고 놀이를 해 봅시다.'이다. 이렇게 21세기 교실의 학습은 친구들과 같이 활동하면서 배우는 것을 매우 매우 중시한다. 그런데 코로나19 시대, 우리 아이들은 거의 한 학년을 온라인 수업 위주로 보냈다. 그것도 쌍방이 아닌 일방 수업으로 진행되는 경우가 많아서 '함께'의 경험을 충분히 하지 못했다. 중요한 것은 '같이' 한다는 것에서 얻는 인생 경험인데, 이 소중한 경험을 할 수 있는 시간이 속절없이 흘러가고 있다. 어떻게 하면 집에서도 몸도 마음도 인간관계도 건강한 아이를 키울 수 있을까?

코로나 시대, '함께'의 경험이 더욱 절실하다

검색엔진에 '코로나 블루'를 두드리니 방금 뜬 기사를 포함해서 끝없는 기사 행렬이 이어졌다. 우선 성균관대학교 이동훈 교수가 '코로나바이러스 감염에 대한 일반 대중의 두려움과 심리, 사회적 경험이 우울, 불안에 미치는 영향'을 분석한 논문에서 코로나19 사태가 개인의 정신건강에 부정적 영향을 미친다는 분석을 내놓았다는 기사가 눈에 띈다. 설문 결과 응답자 중 29.7%가 코로나19 기간에 우울감을 경험했다고 답했으며, 불안함을 느꼈다는 응답자는 절반 가까운 48.8%였다는 것이다. 아이들은 학교에 가지 않고, 어른은 밖에서 코로나를 옮겨와 아이들과 다른 집안 식구에게 전염을 시킬까 봐 외출을 자제하다 보니 불안감과 우울감이 더 심해지고 있다고 한다. 국가 트라우마센터에 코로나 상담이 늘고 있다는 보도도 보인다. 코로나 블루에서 더 심하면 코로나 앵그리 상태가 된다고 한다. 사람과 사람이 만나지 못하면서 우울감이 커지고 질병 공포로 인한 불안감이 커져 정상적인 생활이 무너지고 있다는 반증이다.

수렵 시대에는 혼자 사냥하기보다 여럿이 힘을 모아 사냥할 때 성과가 좋으므로 집단생활을 했다. 인구가 늘어 정착 생활을 하게 되었을 때도 농업의 특성상 집단생활을 했다. 그러나 현대 사회는 군중 속의 고독이 문제라고 말하는 한편 개인의 프라이버시를 중시하는 방향으로 변하면서 차도남, 차도녀라는 단어가 현대인을 대표하는 단어가 되었다. 차가운 도시의 남자, 차가운 도시의 여자 이미지는 소통하지 않고 개개인이 문명의 이기 속에서 만족한 생활을 하는 모습으로 그려졌다. 이런 사회적 흐름과는 달리 현대 문명은 혼자서는 문제를 해결할 수 없어 집단 지성이 움직여야 하며, 일에서 협력과 협업이 중요하다고 강조한다. 원래 농경 사회처럼 협력과 협력이 아닌 것의 개념이 구분되지 않았다면 이런 말이 필요 없었을 것이다. 그런데 전염병이라는 특수한 상황 때문에 자의가 아닌 타의로 외부와 단절된 상황이 되자, 사람이 그리워 못 살게 된 상황으로 변했다. 어려움을 같이 겪고 나갈 대화가 되는 친구, 자신을 알아주는 지음^{知音}, 어려워하는 친구를 도와주는 뿌듯한 나, 이런 모습이 그리운 것이다.

매일 학교에 갈 때는 학교가 단지 수업을 들으러 가는 곳이라고 생각했다. 그러나 학교에 가지 않게 되면서 학교는 단지 학습 기관에 그치는 것이 아니라 훨씬 더 큰 의미라는 사실을 새삼 깨닫게 되었다. 아이들이 '인간관계'를 배우는 곳이라는 의미가 크게 다가온 것이다. 학교는 아이들이 모이면서 사람 사귀는 법을 배우는 잠재적 교육 과정이 숨어 있는 공간이다. 사람을 사귀는 동안 배려와 나눔을 알게 되고, 양보와 협력을 터득하게 된다.

어떤 사람을 알기 위해서는 그 사람 친구를 보라는 말이 있다. 친구가 많으면 그만큼 친구에게 시간을 많이 쏟은 사람이라는 것의 반증이다. 친구가 많으면 어려울 때 나서줄 친구도 더 많다. 모르는 것을 물어볼 친구도 많다. 그래서 문제가 빨리 해결된다. 혼자서는 열흘 걸릴 일은 10명이 모이면 그다음 날에 모두 처리된다. 그뿐 아니라 친구가 지지해 줄 때의 정서적인 안정감과 자신감 등은 무엇과도 바꿀 수 없는 재산이다.

그런데 팬데믹 상황은 친구를 새로 만들기를 어렵게 하고 있다. 모이고 사귈 기회를 빼앗아 갔기 때문이다. 그래서 잠깐 학교에 갔을 때라도 먼저 다가가 웃어주며 좋은 친구를 만들어야 한다. 내가 먼저 친구의 손을 잡지 않으면 친구도 내 손을 잡지 않는다. 먼저 인사하고 먼저 도와주고 같이 협력해야 한다.

한국 학생들의 우수한 협력적 문제해결력

2018년, 한국교육과정평가원에서는 'PISA 2015 협력적 문제해결력 결과에 나타난 우리나라 학생들의 특성'을 분석한 이슈 페이퍼를 공개했다.

OECD에서 학생들의 협력적 문제해결력을 평가한 결과, 우리나라 학생들은 협력적 문제해결력에서 우수한 성취를 거두었다. 다만 협력에 대한 태도에서는 협력 시 나타나는 이타적 상호작용과 관련된 '관계에 가치 부여' 지표는 OECD 평균보다 낮았고, 팀 작업의 생산성과 관련된 '팀 작업에 가치 부여' 지표는 OECD 평균보다 높았다.

우리나라 학생들이 높은 성취도를 보인 협력적 문제해결력은 둘 이상의 주체가 해결책을 찾는 데 필요한 이해와 노력을 공유하고, 해결책에 도달하기 위한 지식, 기능, 노력을 모아 문제 해결을 시도하는 과정에 효과적으로 참여할 수 있는 개인의 역량을 말한다.

협력에 대한 태도 지표는 관계 지표와 팀 작업 지표로 나누었는데, 평균보다 낮은 결과를 보인 '관계 지표' 항목은 '나는 남의 말을 잘 들어주는 사람이다.' '나는 반 친구들이 성공하는 것을 보는 것이 즐겁다.' '나는 다른 사람들의 관심사를 고려한다.' '나는 다양한 관점이나 시각을 고려하는 것을 좋아한다.'로 구성되었다. 모든 항목에서 긍정적 응답 비율이 높았지만, '나는 반 친구들이 성공하는 것을 보는 것이 즐겁다.'는 항목은 OECD 평균보다 낮았다.

팀 작업 지표는 '나는 혼자 하는 것보다 팀의 일원으로 일하는 것을 더 좋아한다.' '나는 개인보다는 팀이 더 나은 결정을 내릴 수 있다고 생각한다.' '나는 팀워크가 내 자신의 효율성을 높인다고 생각한다.' '나는 동료들과 협력하는 것을 좋아한다.' 등으로 구성되었는데, '나는 팀워크가 내 자신의 효율성을 높인다고 생각한다.'는 항목은 OECD 평균보다 매우 높았다.

위 지표는 학생들이 가지기를 바라는 태도를 나타낸다. 그런데 대부분 항목이 긍정 지표가 높지만, 평균으로 따지자면 90% 이하를 나타내고 있으므로 학생들이 관계에 대하여 조금 더 관심을 가지고 배려하고 존중하는 태도를 갖추도록 교육해 나가야 한다.

보고서에서는 PISA 2015 문제해결력 평가 결과, 모든 OECD 국가들에서 교우 관계가 긍정적인 학생일수록 관계 지표와 팀 작업 지표가 더 높은 것으로 확인되었다고 밝히고, 우리나라도 같은 결과를 냈다고 했다. 아이가 친구와 잘 어울려 미래 사회의 핵심 역량인 협력적 태도를 기를 수 있도록 가정과 학교에서 관심을 기울이는 일이 중요하다는 것을 PISA의 평가 결과가 말해 주고 있다.

인간관계 학습,
집에서는 어떻게 할 수 있을까?

━━━━━━● 대학생 딸이 옆방에서 남자친구와 통화를 하고 있다. 할 말이 어찌나 많은지 긴 시간 수다에 수다가 이어진다. 이렇게 전화로 연인 관계를 이어가듯이 만나지 못해도 관계를 쌓을 수 없는 것은 아니다. 다만 연인끼리 밤새 전화 통화하는 모습은 익숙한 광경이지만, 아이들이 온라인 화상 화면을 통해 서로를 만나는 것은 익숙한 모습이 아니다. 그동안 아이들은 교실에서 만나고 집에 와서는 단톡방에서 자기들끼리 소통하는 방식으로 관계를 쌓아 왔다. 오히려 이런 상황이 'SNS 따돌림'이라는 폭력적 상황으로 번지는 것이 문제였다. 그런데 '교실에서 만나'는 상황이 빠지고 나니 친구 관계를 쌓을

기회가 별로 없다. 친구 관계란 같은 경험을 하고 정서적 유대가 맺어져야 이루어지는 것인데, 서로 데면데면하게 된 것이다. 온라인 수업 시대이다 보니 아이들이 학교에서 배워야 할 관계 맺기를 배우지 못하게 된 것이 아쉬운 상황이다.

우리는 그동안 학교는 공부하는 곳, 교과 공부를 충실히 해서 상급학교에 진학하는 도구 정도로만 인식해 왔다. 그런데 아이들이 학교에 가지 않게 된 순간부터 학교는 공부하는 곳일 뿐 아니라 사람과 사람이 만나 관계를 맺는 방식을 배우는 곳이라는 생각을 하게 되었다. 사실 우리 교육은 과거에도 인성과 실력을 중시했다. 이것을 학교 교육 과정에 나오는 인간상으로 말하면 '자주적인 사람, 창의적인 사람'이라는 실력을 갖춘 인간형과 '더불어 사는 사람, 교양 있는 사람'이라는 인성을 갖춘 인간형을 추구해 왔다. 즉 학교 교육 목표도 뛰어난 학습력만을 추구한 것이 아니고 배려와 나눔을 실천하면서 협력하고 함께하는 '사람 교육'을 동시에 추구해 온 것이다. 대학에서 말하는 인재 평가 기준인 인성과 발전 가능성의 영역과 학업 능력과 전공 적합성의 영역으로 나누어 보아도 역시 인성 부분이 큰 비중을 차지하고 있는 것을 알 수 있다.

무엇을 배웠는지보다 어떤 친구와 무엇을 했는지 물어라

그러나 지금은 친구를 만들고 협력하는 경험을 배우기가 쉽지 않다. 학교 수업을 온라인으로 하면 실시간 수업의 경우 모둠을 나눠 각 방에 몇 명씩 같이 활동을 한다. 아이들은 그 사이에도 자기 생각을 이야기하면서 관계 맺기를 하기도 한다. 그런데 늘 같은 모둠에서 같은 학생이 활동하는 것이 아니므로 친해지기에는 다소 부족한 시간이다. 이 문제에는 뾰족한 해결책이 없다. 코로나로 인한 위험 요인이 적어져서 학교에 자주 가게 되면, 아이에게 어떤 친구를 사귀었는지 관심을 가지고 물어보는 것이 최선의 방법이다. 부모는 주로 아이가 학교에서 무엇을 배웠는지에 신경을 기울인다. 요즘 아이들에게 학교에서 무엇을 배웠냐고 물어보면 아이는 대답할 말이 별로 없다. 뭔가 학습 활동을 한껏 했는데 무엇을 배웠다고 말로 하기는 어려운 것을 했을 가능성이 크다. 초등학교 3학년 사회 시간에 우리 고장에서 자랑할 만한 장소를 소개해 보는 활동을 한 아이에게 무엇을 배웠는지 물으면 아이는 '생각을 빼내는 법'을 배웠다고 해야 하나?

부모가 아이에게 무엇을 배웠는지를 묻기보다는 어떤 친구를 만나서 무엇을 했는지 물어보는 게 아이의 현재와 미래에 더 도움이 된다. 공부는 혼자서도 할 수 있지만, 정서를 교류하고 서로 지지해 주며 고민을 말할 수 있는 친구, 서로 같은 곳을 바라보면서 함께 성장하는 친구를 만들 기회는 좀처럼 다가오지 않는다. 등교해서 친구를 만날 수 있는 상황이 되면 아이 친구를 초대해서 간식도 챙겨주면서 함께 시간을 보내게 하면 아이들이 더 친해진다. 아이들은 반나절이면 친구가 되므로 한번 불러서 여럿이 놀게 해주면 금방 또래 집단이 만들어진다. 또래 집단이 형성된 뒤에는 아이가 관계에 대해 하는 이야기를 들어볼 필요가 있다. 친구가 생기면 아이는 말이 많아진다. 공부하라고 하면 아이는 입을 다물지만, 부모님이 내 친구에게 관심을 가지고 물어보면 할 말이 많다. 더구나 엄마가 친구와 노는 것을 지지한다는데 어떤 아이가 말이 많아지지 않겠는가?

'관계 끊기'가 필요할 때도 있다

마지막으로 어떻게 보면 관계 맺기보다 더 중요한 것이 '관계 끊기'를 배우는 일이다. 심리학자들은 가족 간에도 문제가 되는 관계가 있다면 관계 끊기를 실천해 보라고 한다. '동생한테 양보해라, 동생은 어리잖아'와 같은 상황이 어른이 되어서도 계속된다면 부모와의 관계를 좀 멀리하고 자신을 돌보는 것이 서운함을 내려놓는 데 도움이 된다. 아이들끼리의 관계에서도 관계 끊기가 필요할 때가 있다. 아이의 말을 들어주다가 문제가 될 소지가 있는 관계가 발견되면 조정을 해야 한다. 흔히 비유하는 학교는 사회의 축소판이라는 말처럼, 아이들 사이에서도 얼마든지 서열이 만들어질 수 있기 때문이다.

대체로는 한번 친구를 사귈 때, 이 관계를 오래 유지하도록 부모가 정서적 뒷받침을 해주면 아이가 상급학교에 가더라도, 어떤 새로운 고립 상황이 생기더라도 위로를 주고받는 따뜻한 관계가 이어진다. 과거에는 고등학교 친구가 진정한 친구라고 했지만, 오히려 어릴 때 친구가 더 오래 우정을 나누는 친구로 남을 수 있다.

부모와의 전쟁이
아이의 자존감을 떨어뜨린다

어른이 되면 자기가 어렸을 때 구구단 외우기가 얼마나 힘들었는지 잘 기억하지 못한다. 개구리가 올챙이였을 적 기억을 못 한다는 말이 딱 맞는다. 그래서 아이가 구구단을 잘 외우지 못하는 것이 이해가 되지 않는다. 자신은 금세 잘 외웠던 것 같은 기억이 대신 자리하고 있기 때문이다. 아이가 구구단을 못 외우고 머뭇거리면 그까짓 걸 외우지 못한다고 야단치게 된다. 그 결과 아이가 더 열심히 연습해서 엄마, 아빠 앞에서 훌륭하게 구구단을 외우게 되었다면 잠시 꿈을 꾼 것일 테고, 실제 아이는 주눅이 들어 더 더듬거리고 혼날까 봐 눈치만 보게 된다. 왜 우리는 결과가 더 나빠질 것을 알면서도 아이에게 끊임없이 잔소리할까? 늦게 일어나서, 일어나자마자 게임을 하려고 해서, 밥 먹는 태도가 나빠서, 변기를 더럽게 써서 등 아이에게 잔소리하고자 하면 눈에 띄는 일이 한둘이 아니다. 이 상태로 머리가 좀 커지면 아이는 더이상 눈치를 보지 않고 아예 말도 못 붙이게 한다. 그 무섭다는 중2가 되면 방문을 닫고 들어가 나오지 않는다. 큰 소리도 낸다. "좀 내버려 둬!"

방학마다 하는 아이와의 전쟁은 이런 양상으로 진행되다가 사이가 정말 안 좋아질 때쯤 개학을 한다. 드디어 부모는 해방을 맞는다. 아이는 자기를 알아주는 또래 집단과 어울리면서 위로를 받고 관계 맺기를 배운다. 그런데 등교 개학은 미뤄지고 아이는 계속 집에 있고 나가지도 못해 근질거리는데 눈에 들어오지 않는 온라인 수업을 듣다가 말다가 한다. 종전이 요원한 지지부진한 전쟁의 연속이다.

사실 내 아이가 아니라면 굳이 잔소리하지 않을 테고, 속상할 일도 없다. 가족이니까 더 하게 된다. '다 너를 위해 하는 말이야.'라고 포장해서 아이에게 좋은 길로 가라고 말하지만, 그 말을 듣는 아이의 자존감이 계속 떨어지고 있다는 게 문제다. 사실 가족이라는 기대감이 없으면 문제가 되지 않을 상황도 가족이라는 울타리 안에 있기에 가지는 기대감으로 문제가 될 때가 있다. 아이가 자기 방을 깨끗하게 잘 정리할 뿐 아니라 화장실 청소도 해 놓아 엄마가 좀 쉴 수 있게 배려해주면 좋겠건만 아이는 더 어지를 뿐이다. 아이는 늘 엄마에게 뭘

해달라고 하고 무엇을 사야 하니 용돈을 달라고 한다. 네가 알아서 하라거나 돈이 없어 주지 못하겠다고 하면 "낳았으면 다야?" 같은 심한 말을 하는 경우도 있다. 물론 아이도 이런 말을 하고 나서는 후회하겠지만 양쪽 모두에게 상처로 남는다.

서로 남이라고 생각할 때 더 쉽게 풀린다

가족이라는 기대감은 아이와의 관계뿐 아니라 부부간의 관계에서도 어려움을 겪는 방향으로 작용하기도 한다. 남편은 설거지조차 안 하고 저만 안다. 일요일에도 친구들과 테니스 시합이 있다며 새벽같이 나간다. 내가 해달라는 일은 귓등으로도 안 들으면서 자기 일만 챙긴다. 오후에는 테니스 치고 돌아와 피곤하다고 낮잠에 빠진다. 어디 이게 가족인가 하는 생각이 든다. 그러나 그게 가족이다. 내가 안 해도 다 이루어지고 내가 쉴 곳이 저절로 생기는 곳이 아니라 책상을 정리해주면 자기 물건 아무렇게나 치웠다고 투정을 부리는 곳. 이런 공간이 가족이고 그 안에서 사는 사람들이 가족이다. 그래서 가족 간의 문제는 서로 남이라고 생각할 때 더 쉽게 풀린다. 아이 방이 어지럽든 말든, 밥을 먹든 말든, 공부를 하든 말든 좀 덜 간섭하면 관계가 좋아진다. 관계가 좋아진 다음에 대책을 세우는 것이 상책이다.

직장에서도 우리 회사는 가족 같은 관계 속에서 일하고 있다고 말하기도 하고, 가족 같은 분위기를 만들자고도 한다. 그런데 가족 같은 분위기는 누구 한 사람쯤은 협조하지 않아도 봐주는 관계, 내가 희생하면 많은 사람이 행복한 상태가 되는 상황을 말한다. 가족 같은 관계는 사회적 관계라고 하기 어렵다. 사회는 자기 할 일은 자기가 완수해야 하고 자기가 해야 할 일을 잘 모른다면 다른 데서 수강료를 내고서라도 배워서 완수해야 하는 곳이다.

가족은 너무 가족 같으면 오히려 기대가 커지고 의존적이 되며 가족이기 때문에 더 짜증이 나는 일이 많이 생긴다. 기댈 수 있는, 발을 뻗을 수 있는 관계가 가족이기 때문이다. 그래서 가족은 가족 같은 관계에서 좀 멀어지면 관계가 회복되는 역설이 성립한다. "엄마가 저를 이해하게 되면서 저도 엄마가 좋아하는 것을 하게 되었어요."나 "엄마가 잔소리하지 않게 되면서 제가 알아서 공부하게 되었어요."와 같은 상황을 여기저기서 듣는다. 이건 남의 이야기가 아니라 부모가 아이를 아이라고, 불완전한 존재지만 앞으로 스스로 자라서 완성된 존재가 될 것이라고 믿으면 만날 수 있는 상황이다. 지금 못하는 것도 아이는 금방 자라기 때문에 어느 순간에 깨우친다. 아이는 아직은 아이에 불과하므로 아이와 대결하려는 것은 골리앗이 메뚜기와 싸우려는 것과 다르지 않다.

아이와 대결하지 마시고, 아이의 머리 위에서 조종하세요.

어른들도 힘들지만
아이들은 더 힘들다

코로나 블루를 이겨내는 방법 중 하나로 운동을 꼽는다. 몸을 움직이면 마음도 같이 움직인다. 몸이 고인 물같이 잔잔하면 마음도 고인 물처럼 고요해진다. 흔들리지 않는 마음, 세속에 욕심이 없는 깨끗한 마음을 명경지수明鏡止水라고 했는데, 밝은 거울과 고요한 물 같은 마음 상태를 두고 한 말이다. 그런데 모든 가족 구성원이 명경지수와 같은 상태로 생활한다고 가정하면, 고시 공부 하러 세상과 담을 쌓은 상태와 같을 것이다. 정지된 물은 구도자의 마음에는 어울리지만, 생활인에게는 어울리지 않는다.

집에 머무는 시간이 많아질수록 스트레스가 심해진다. 사람과 사람이 만나야 스트레스도 해소되는데 만남이 없어지면 스트레스를 해소할 길이 없다. 지난 시험을 망친 이야기, 숙제를 챙기지 못해 속상한 이야기를 친구와 떡볶이 먹으면서 수다를 떨면 자연스럽게 스트레스가 풀리지만, 지금은 좀체 풀 수 있는 길이 없는 것이다. 아이들은 공부하기로 마음은 먹었지만, 이런저런 이유로 해야 할 공부를 못했거나 게임 하고 유튜브 동영상을 보다 보니 시간만 지나 있고 공부는 하지 못했을 때 큰 스트레스를 겪는다. 그게 잘못이라는 걸 아이들이 가장 잘 안다. 시간은 이미 흘러가 버렸고 자신을 통제하지 못한 죄책감은 떨칠 길이 없다. 내일은 절대로 이같이 보내지 않으리라 마음먹어도, 내일이라고 딱히 다르지 않을 것이다. 아이의 자제력은 스스로를 통제할 만큼 강하지 않기 때문이다.

이럴 때 땀이 조금 날 정도로 운동을 하면 기분이 좋아지고 죄책감도 떨칠 수 있다. 줄넘기나 조깅이 쉽게 시도할 수 있는 운동이다. 팔굽혀펴기나 스쿼트, 윗몸일으키기 등 맨몸으로 집안에서 할 수 있는 운동을 해도 좋다. 첫날보다 시간과 양을 조금씩 늘려가면서 운동을 하다 보면 마음만 건강해지는 것이 아니고 몸도 탄탄해진다. 문제는 시작에 있다. 그리고 시간을 정해놓고 해야 한다. 아침 6시에 한다고 정했으면 매일 6시에 해야 잊지 않는다. 아침에 하기 어려우면 점심이나 저녁 시간을 마련해서 일정한 시간에 한다. 헬스장에 PT를 받으러 약속된 시간에 가듯, 정해진 시간에 해야 거르지 않는다. 또한 신체 시계도 매일 동일한 시간에 해야 적응한다. 저녁에 운동을 하다 아침으로 옮기면 잘 안 될 뿐 아니라 피곤하게 느껴지는 것은 신체 시계가 적응하지 못했기 때문이다.

이 글을 읽고 아이에게 운동하라고 권하면 과연 아이가 할까? 아이를 움직이려면 아이와 부모가 같이 해야 한다. 아이와의 내기로 도전정신을 고취할 수도 있다. '하루 1시간 이상 운동해서 일주일에 체중 1kg 줄이기' 같은 내기가 도움이 된다. 함께 땀 흘리고 운동하면 아이와의 정서적 관계에도 긍정적인 영향을 미치는 것은 덤이다.

학년이 올라갈수록 칭찬받을 일보다는 꾸중 들을 일이 더 많아 진다. 이에 따라 아이의 자존감도 여지없이 무너져 내린다. 자존감이 떨어지면 의욕이 없어지고 하고 싶은 마음이 들지를 않는다. 아침에 일어나 학교로 가지 않는 날, 모든 아이가 침대에서 일어나기 힘들어 한다. 청소년은 밤에 잠이 오지 않도록 DNA에 기록이 되었다고 한 다. 수렵 시대에 어른이 사냥을 가면 집단의 안전을 위해 청소년들이 밤새 불침번을 섰던 역사가 습성으로 기록되어 있다는 것이다. 아침 에 아이가 일어나지 못하는 것으로 큰 소리를 내면 아이는 일어나기 이전에 이미 자신은 일어나지도 못하는 열등한 사람이라고 스스로를 비난하게 된다. 일어나서 세수하는 모습, 아침을 차려놓았는데 먹는 둥 마는 둥, 책상에 앉으면 바로 공부에 몰입하지 않고 딴짓하는 모습 등, 어느 하나 엄마의 잔소리 사정권에서 벗어날 것이 없다. 이 모든 것이 아이의 자존감을 낮춘다. 아이의 입장에서는 엄마가 말하는 내용 중 하나도 성공한 것이 없기 때문이다.

자존감은 성공 경험에서 시작된다. 스스로 무엇인가를 완수했을 때 자존감이 살아난다. 그런데 아이는 공부만 하게 하고 엄마가 모든 일을 다 해주면 아이는 성공 경험을 할 기회가 없다. 입시로 발등에 불이 떨어진 학생이 아니면 종일 공부만 하지는 않는다. 그럼에도 엄마는 아이를 책상에만 앉히려고 하는데, 그러다 보면 아이는 공부는 제대로 되지 않고 친구에게 자랑할 만한 거리가 없으니 높은 자존감을 가질 수 없다. 그러므로 엄마가 아이에게 스스로 할 기회를 주고, 완수한 다음에는 칭찬을 해 주는 일이 매일 하나씩은 꼭 있어야 한다. 아이가 어릴 때 스스로 일어나는 모습에 감탄하고, 말을 배워 한두 마디 입을 뗐을 때 대견해 하며 안아 주었던 것처럼 작은 일에도 칭찬해 주고 안아 주어야 한다.

공부할 시간도 없는데 무슨 집안일을 시키냐고 반문할 수 있다. 공부하는 아이를 수시로 불러내서 심부름을 시키거나 가사 일을 시킬 수는 없는 일이다. 집중해서 자기 일을 할 때 자꾸 부르면 아이가 당연히 짜증을 낸다. 그래서 계획표가 필요하다. 아이의 시간표와 엄마의 시간표를 맞춰서 아이가 가사에 참여하거나 집안일을 돕게 하는 시간을 확보하고 그 시간에 가사에 참여하도록 해야 한다. 자기

방 정리하기, 식사 준비 돕기 등에 시간을 조금 할애해 아이가 할 수 있는 일을 시키고 다 했을 때 칭찬하면 아이의 삶에도 보람이 자리잡게 되고 밝은 마음이 코로나 블루를 밀쳐낼 수 있다.

달걀 하나 푸는 일도 아이의 자존감을 세우는 데 도움이 된다. 달걀을 그릇에 잘 깨는 일도 만만하지 않다. 한 번도 해보지 않았다면 달걀 껍데기가 그릇에 빠진다. 달걀을 잡고 젓가락으로 가운데를 톡 쳐서 금을 낸 다음 양손으로 껍질을 벌려 알을 빼내는 것도 기술이다. 몇 학년이 이걸 하면 자존감이 생길까? 대개 고등학생도 이 일이 서툴다. 그러니 달걀도 잘 깨게 되면 자랑스럽다. 좀 더 달걀을 깨다 보면 젓가락을 쓰지 않고도, 그릇 가장자리에 톡 부딪혀서 한 손으로 깰 수 있게 되고, 양손에 한 알씩 두 알을 동시에 깰 수 있게도 된다. 이 정도면 거의 쉐프라고 자랑해도 된다.

꼭 집안일이 아니라도 아이가 잘하는 것에 집중하도록 허용하는 시간이 필요하다. 고등학생 옥영이는 요즘 바이올린 연주를 다시 시작했다고 말했다. 곧 고3이 되는데 바이올린을 연주할 틈이 있느냐고 했더니 어차피 연주에 쓰는 시간은 공부하는 시간과 별개이므로, 연주라도 하고 나면 마음이 좀 가라앉는다고 한다.

아이의 자존감을 가장 크게 훼손하는 일은 다른 아이와 비교하는 것이다. 잘 알고 있겠지만, 사실 실천이 어렵다. 특히나 형제자매를 비교하는 것은 최악이다. 만일 아이가 동생보다 제대로 하는 일이 없어 불안하거나 화가 난다면 '굽은 나무가 선산 지킨다, 미운 놈 떡 하나 더 준다.' 같은 속담이 생겨난 까닭을 곰곰이 생각해 볼 일이다. 엄마는 친구 아이 이야기를 듣고 자신의 아이에게 '내 친구 아들은 자기 공부는 자기가 잘 알아서 챙긴다더라, 지난번 시험에서 1등 했다더라.' 같은 말로 아이를 움직여보려 하지만 아이는 오히려 엄마는 다른 엄마처럼 해주지 못하냐면서 문을 닫고 들어갈 것이다. 친구 아이와 비교하고 싶은 마음은 마약이다. 절대로 하지 말아야 한다.

부모는 아이가 공부를 좀 더 잘하기를 바라는 마음이지만 바로 공부로 접근하지 않는 것이 오히려 효과적이다. 아이를 책상에 앉힐 수는 있어도 공부를 시킬 수는 없다. 아이를 방에 들어가게 하고 책상에 앉게 하면 아이는 공부로 들어가기 전에 이것저것 만지작거리거나 의자만 빙글빙글 돌리고 있을 수도 있다. 그런데 자존감이 세워지면 공부도 저절로 한다. 아이도 공부해야 한다는 것을 이미 알고 있고 스트레스 또한 받는 중이다. 자존감은 스스로를 대견하게 여기고 성공 경험을 통해서 하고 싶은 마음, 도전하고 싶은 마음을 만들어 낸다.

새로운 학습의 시대가 이미 시작되었다

교육은 일상생활에서 배울 수 있는 것, 또는 일상생활의 문제를 간단히 해결할 수 있는 것 이상을 학습하는 과정이다. 초등학교 저학년 때의 공부가 크게 어렵지 않은 이유는 주변에 있는 사물을 관찰하고 현상을 이해하면 충분하기 때문이다. 그러다가 한 번도 경험해 보지 못한 세계를 이해해야 하는 단계로 접어들면 공부가 갑자기 어려워진다. '친구한테 빵 한 조각의 5분의 2를 주었는데, 다른 친구한테 그 나머지의 5분의 4를 주었다면 내게는 얼마나 남았을까?'와 같은 질문은 현실에서는 받을 수 없는 질문이다. 이런 내용들은 갈수록 어려워져서 갈 수 없는 지구의 핵과 안드로메다까지 훑어야 하고, 그 절이 그 절인 것 같은 해인사와 쌍계사, 선운사 등이 어디 있는지를 기억해야 한다. 미분과 적분에 이르면 고등학교 공부는 절정에 달한다. 공부를 간단히 말하기는 어렵지만 현실 세계에 머리를 두고 신선이 바둑 두고 있는 비현실계 또는 천상계를 이해해야 하는 노릇이라는 점에는 동의할 수 있다.

이렇게 지난한 공부가 학교에서 이루어진다. 학교는 집중적으로 현실 너머의 세계를 이해하는 학습을 하기 위한 공간이다. 이 공간에서 학생들은 가정에서 나와 선생님과 함께 천상계를 노니는 꿈을 꾸다 다시 생활 공간인 집으로 돌아온다. 이처럼 나갔다가 돌아오는 과정이 소중하다는 것을 코로나 팬데믹으로 인하여 학생이 가정에만 있게 된 상황 이전에는 깨닫지 못했다. 다른 식구들도 직장과 집, 다른 일터나 집 등으로 생활이 나뉘는데 이 나뉨이 소중하다는 것을 과거에는 깊이 깨닫지 못했다. '종일 집에만 있었더니 답답해서 바람 좀 쐬야 해.' 같은 말이나 '부부간에도 자기만의 시간과 공간이 필요하다.'는 말이 학생은 학교에 가지 않고 온라인으로 학습하면 되기에 학습이 언제 어디서나 이루어질 수 있다는 말과 충돌하는 개념이라는 것을 깨닫지 못했다.

인도의 수가타 박사는 빈민가 아이들을 위해 그의 사무실에 구멍을 내고 컴퓨터를 설치했더니 아이들이 컴퓨터를 혼자 힘으로 배워서 그의 사무실 직원이 수행하는 정도의 일을 할 수 있는 수준에 이르렀다는 것을 알게 되었다. 박사는 아이들이 컴퓨터를 가지고 노는 동안 학교 시험, 특히 컴퓨터를 다루는 것과 관련된 주제들, 영어 어휘력과 사용 능력, 집중하기, 주의 집중과 문제 해결 능력, 함께 협업하기 및 자율 학습 등의 역량이 늘었다는 것을 확인했다고 한다. 이 사건은 크게 유명해져서 아이들은 굳이 가르치지 않아도 스스로 많은 것을 학습할 수 있다는 것을 믿어야 한다고 주장하기에 이르렀다. 학교 무용론이 고개를 들 참이었다.

학생이 학교에 가지 않더라도 온라인으로 교류하며 많은 것을 배울 수 있다는 주장은 미네르바 스쿨 이야기에 이르면 절정에 이른다. 세계의 여러 도시에서 한 학기씩 온라인으로 학습하며 최고의 교육을 받고 있다는 주장은 집단으로 몸을 이동시켜 학교라는 곳에 모여서 공부하는 전통적인 학교 모습을 부정해도 아무 문제가 없다고 생각하게 하기에 충분했다. 오히려 하버드보다 입학하기 어렵다는 말로 미네르바 스쿨 방식의 교육이 얼마나 뛰어난지를 강조했었다. 이 학교가 주로 인문사회 계통의 학문을 공부하고 이공계 공부는 다루지 못하는 것이 아닌가 하는 의구심은 호응을 얻지 못했었다.

그러나 아이들이 학교에 가지 않는 상황이 되자 여러 가지 문제가 나타나기 시작했다. 우선 학습 역량이 급격히 떨어지는 아이들이 크게 늘었다는 것이다. 과거 경험으로 볼 때 같은 수준의 문제를 풀어내지 못하는 학생이 늘었다는 말이다. 수가타 박사의 이야기와는 다른 결과가 나오는 것은 아이들이 '같이 배우기'를 하는 것이 아니기 때문이라는 주장보다는 수가타 박사의 아이들은 컴퓨터를 가지고 노는 것이 가장 즐거운 놀이였지만 우리 아이들에게는 온라인 학습보다 더 재미있는 놀이가 많다는 점이 문제라는 주장이 더 설득력 있다. 아이들이 집에서 온라인 학습을 하도록 하면 공부보다는 게임에 빠지기 쉽고, 부지런함보다는 게으름이 더 먼저 나타난다는 것을 의미한다.

또 다른 문제는 아이들이든 어른이든 종일 부대끼면서 사는 것이 쉽지가 않다는 사실이다. 가족은 헤어져 있다가 만나서 따뜻함을 확인하는 사이에 정이 깊어지는데, 언제나 모여 있으면 가족이라서 당연히 기대하는 것들을 서로 채워주지 못하게 되어 감정의 골이 생기게 된다. 아이가 부모의 기대치를 충족시키기도 어렵거니와 부모도 아이의 일거수일투족이 모두 마음에 차지 않으므로 서로 짜증을 내게 된다. 또한 아이가 학교 공부하다 모르는 것을 물어보면 대답해 줄 수 있는 부모도 별로 없어 체면을 구기기 십상이다. 엄마 말을 잘 듣고 스스로 자기 일은 자기가 해결하는 학생은 소수에 불과하다. 많은 가정이 준전시 상황에 있다.

그럼에도 불구하고 교육은 점점 온라인을 활용한 교육으로 바뀔 것이다. 학교를 매일 갈 수 있는 상황에서도 블렌디드 러닝이라는 온라인과 오프라인이 결합한 형태의 교육이 대세가 될 전망이다. 다양한 플랫폼이 개설될 것이고 현재 상황보다는 온라인 학습 상황이 좋아질 것이다. 어떻게 좋아질지는 꿈꾸기가 쉽지 않다. 아이를 키우는 부모 입장에서 보면 이런 방식은 아이가 학교에 가서 저녁때 돌아오는 전통적인 학교 모습에 비해서는 여간 성가신 방식이 아닐 수 없다. 이런 상황에 적응하는 것은 개인의 몫일까? 학교란 무엇인가? 학교는 과연 없어져야 할 제도인가? 이러한 물음이 당분간 계속될 전망이다.

코로나 시대의 공부법

2020년 12월 16일 1쇄 발행   2020년 12월 18일 4쇄 발행

지은이 진동섭
펴낸이 김상현, 최세현   **경영고문** 박시형

책임편집 이수빈   **디자인** 박선향
마케팅 양봉호, 양근모, 권금숙, 임지윤, 조히라, 유미정, 전성택
디지털콘텐츠 김명래   **경영지원** 김현우, 문경국
해외기획 우정민, 배혜림   **국내기획** 박현조
펴낸곳 (주)쌤앤파커스   **출판신고** 2006년 9월 25일 제406-2006-000210호
주소 서울시 마포구 월드컵북로 396 누리꿈스퀘어 비즈니스타워 18층
전화 02-6712-9800   **팩스** 02-6712-9810   **이메일** info@smpk.kr

ⓒ 진동섭 (저작권자와 맺은 특약에 따라 검인을 생략합니다)
ISBN 979-11-6534-273-9

쌤앤파커스(Sam&Parkers)는 독자 여러분의 책에 관한 아이디어와 원고 투고를 설레는 마음으로 기다리고
있습니다. 책으로 엮기를 원하는 아이디어가 있으신 분은 이메일 book@smpk.kr로 간단한 개요와 취지,
연락처 등을 보내주세요. 머뭇거리지 말고 문을 두드리세요. 길이 열립니다.